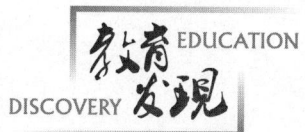

EDUCATION
DISCOVERY

XUEXIAO GUANLI CHUANGYI CEHUA LIUSHI LI

学校管理
创意策划60例

王红顺 著

山东文艺出版社

目 录

第三篇　活动管理

第四篇　课程管理

第五篇　教学管理

第六篇　班级管理

第一篇

行政管理

虚拟货币管理

一、研发虚拟货币管理的背景

校长、核心中层和骨干教师辞职、跳槽，影响学校正常教学；教师流动频繁，造成期期需要岗位培训，同时学校课改项目不能深层推进；教职工总是以打工的心态对待工作，与学校之间缺少利益捆绑；教职工对学校一些偶发事情、特殊工作、临时加班消极怠工或找借口逃避；分工再细，总有一些工作无人认领；绩效管理出现评什么干什么，没量化的项目处于失控状态；教师外出学习、教育考察存在以权谋私现象；校长、教师对学校贡献要么当月兑现，要么当年兑现，缺少累积激励。上述这些中小学校长的烦心事皆可借助虚拟货币管理破解。

二、虚拟货币管理的本质

虚拟货币管理，就是把虚拟货币制度用于对教职工的管理，将每个教职工的工作年限、职务高低、业绩大小，还有学历、职称、技术专长、个人特长、出勤、工作态度、职业道德、教学效果等因素综合全面地用虚拟币（QQ币）来实行量化统计，然后再把考核的结果与工资、奖金、晋升、外出进修学习、旅游、春节发放物品等各项福利待遇挂钩，累加计算。积币奖罚制度可以规范教职工日常行为，激励教职工遵守学校制度，提高教职工的主观能动性，调动教职工的积极性，增加教职工工作执行力，丰富教职工的精神追求。

传统考评误区有：重视教师考评，忽视校长、中层考评；重视学科教师考评，忽视生活教师、后勤职工考评；重视主课教师考评，忽视体音美等学科考评；考评粗放缺乏细化；重视常规项目考评，忽视非常规项目考评；重视个人考评，忽视团队考评。而虚拟货币管理本质是：360度无盲区全面用虚拟币量化考核；考核结果月、期、季、年累积多元应用；让教职工与学校先利益捆绑，再精神捆绑；点对点的一事一兑现，让教师有成就感。

虚拟货币管理与常规考评的关系：常规绩效考评是重点项目考评，是常规工作，重绩效，通过真实货币体现，而虚拟货币管理包含两部分——绩效考评、另外项目及非常规工作，是德勤能绩全面考评；虚拟货币管理包含常规管理，常规管理是虚拟货币管理子集。虚拟货币管理以问题解决为导向，以刺激教职工物质、精神需求为导向，以挖掘教职工的潜能为导向。虚拟货币管理就是把握人性，然后满足人性。

三、虚拟货币管理操作要点

（一）虚拟货币获得的八大渠道

【模块一】品牌贡献度

1. 学历、进修；2. 职称（国家、校内）；3. 荣誉（单项、综合）；4. 计算机、普通话、网页制作、微课设计水平；5. 教龄、工龄；6. 特长（演讲、主持、书法、绘画、歌舞等）；7. 职务（校长、主任、组长、班主任、辅导员等）。

【模块二】家庭美满度

1. 订婚；2. 结婚；3. 生育；4. 购车；5. 买房；6. 子女升学；7. 夫妻和睦；8. 孝敬父母。

【模块三】工作态度

1. 同行评价；2. 学生评价；3. 主管领导评价；4. 家长评价；5. 遵守校规校纪；6. 职业道德。

【模块四】考勤

1. 出勤；2. 学校指定加班；3. 节假日补课；4. 会议、教研组活动；5. 公益劳动。

【模块五】工作过程

1. 备课、导学案编制与采纳；2. 辅导；3. 批改作业；4. 上课；5. 监考、评卷；6. 校本教研；7. 公开课。

【模块六】自我形象及团队形象

1. 个人精神面貌；2. 个人衣着品位；3. 个人文明礼仪。

【模块七】教育、教学效果

1. 月考、期中、期末考试新三率排名；2. 各类竞赛；3. 班级获奖；4. 家校沟通；5. 论文、论著；6. 宣传学习稿件、博客点击率、家长微信；7. 带徒及徒弟出师。

【模块八】自我修炼、自我成长

1. 业务素质测查；2. 基本功比赛；3. 读书及电子笔记建档；4. 合理化建议；5. 活动创意；6. 问题招投标、中标；7. 课程资源开发；8. 偶发事件机智处理。

说明：每个模块货币分配数额、权重、考评细则，需依据校情制定。

（二）虚拟货币的使用

1. 与协议首席工资挂钩；

2. 与旅游、享受带薪假期挂钩；

3. 与年底奖金挂钩；

4. 与期末、春节发放福利挂钩；

5. 与外出学习、考察、培训挂钩；

6.发放购车购房津贴；

7.为高积分的员工买理财保险；

8.享受校长级教师待遇。

（三）虚拟货币管理操作运行平台

1.全方位量化；

2.终生有效；

3.软件记录；

4.构建周、月、季、期、年五级消费链条；

5.实施周、月、季、期、年五级抽奖机制；

6.中层以上领导有权奖罚虚拟货币；

7.先扣虚拟货币再扣钱；

8.前期承诺、兑现及时。

四、实施虚拟货币管理的意义

1.工资考核的是显性的立竿见影的有限重点项目，考核的是效能；虚拟货币考核是长久的全面的综合评估，尤其是对人品的考核。

2.工资考核的是本月教职工表现，当月兑现，事后清零；虚拟货币是对教职工各月、各年累积的考核，考核的是教职工对学校的贡献度，永久有效。

3.工资侧重的是物质奖励；虚拟货币管理侧重精神激励，满足教职工的精神需求，提升教职工的幸福指数。

4.为教职工成长开辟了一条新的绿色通道，打破了"教而优则仕"单一的晋升的路径，开发了实习教师——合格教师——优秀教师——骨干教师——首席教师——功勋（校长级）教师的晋升新途径。

5.不但对教职工考评，更重要的是对校长、中层领导考评。

6.实现了中层责权统一，便于过程管理、项目管理、标杆管理。

7. 解决了教职工"考核项目我积极干,没考核项目应付干"、"分内工作我干,分外公益工作逃避"、学习没有动力等难题。

8. 避免了教职工打工心态,使团队从利益共同体走向了精神共同体。

9. 为学校旅游、福利发放、评模、教师晋级提供了科学量化依据。

10. 破解了教职工流动的难题。

高效课堂整体推进九大策略

学校层面的高效课堂整体推进是一个系统工程，涉及师生培训、课堂实施、课后反思、整体评价、校本教研等许多环节。对此笔者总结了推进高效课堂的九大策略。

策略一：班级文化建设及小组文化巡展

要想让高效课堂顺利实施，首要的条件是班级文化建设和小组的建设。学生有了固定的组织，组员之间有了共同的目标、共同的利益、共同的梦想，他们才能为了小组的荣誉全力投身课堂活动中去。小组划分，可以分 6 个人一组，也可以 8 个人一组。每个组都要设行政组长和学科组长。然后是班级文化的建设。班级文化建设包括四个方面：1. 理念文化：班名、班训、班旗、班风、班级目标、班级管理思路、班本课程。2. 制度文化：规章制度、班级的规章制度的解释、班级行政管理即班委会建设。3. 行为文化。4. 环境文化。每个小组都要有自己组徽、组训、组规、目标、措施等。对小组长的培训要做到位，让每个组长都明确自己的职能及任务。最后组织小组文化校级展评，目的是为了进一步融合小组的凝聚力。

策略二：访问学者及挂职锻炼

在高效课堂推进的过程中，会出现班与班之间不同步，本班组与组不同步的现象，一旦出现两极分化，就会出现好的更好，差的更差的结果，严重阻碍了高效课堂的发展。那么，如何才能让先进班级带动落后班级，让先进小组带动后进小组，让全校各班、班级各小组之间能达到平衡？访问学者及挂职锻炼不失为一个好方法。弱者学习强者，先进班级带动落后班级。访问学者即：后进班级的组长可以到先进班级去观摩，组长也可以带领组员到先进班级去学习体验。挂职锻炼即：强组的组长到弱组带组，弱组的组长到强组当组员学习锻炼，组长之间和组员之间互相学习、互相促进、共同进步。

策略三：德育主题活动与培训的整合

高效课堂注重学生的展示能力，那就要求学生具有过硬的语言表达能力，过硬的粉笔字书写能力。而高效课堂一开始，学生在课堂上展示时肢体动作不自然、语言表达不流利、害羞、粉笔字书写不美观等问题都比较明显。为了培养学生这些方面的能力，老师常常用大量的课时对学生进行训练。虽然有了一定的效果，但学生的正常学习任务完成不了。这就需要一个两全其美的策略，既能使学生的展示能力提升，又要节省学生的正常上课时间。

将学校的德育主题活动与对学生的展示能力的培训进行整合是一个良好的途径。例如，可以借助学校举行的"名言警句粉笔字快速书写""两分钟的课前演讲""国旗下的讲话""小组文化巡展"等活动，培训高效课堂急需的展示、点评能力。又如：在清明节当天，举行以"缅怀革命先烈，感恩幸福生活"为主题的演讲比赛，台下同学即兴点评。这样不仅对学生进行了爱国主义教育，又对学生展示、点评进行了培训，真是一举两得。

策略四：换书读、追问、复述同伴的答案、采访

高效课堂的灵魂是展示，但有时学生在整个课堂过程中过于追求个人的展示而忽略他人的展示，从而导致课堂效果大打折扣。如何让听者认真倾听，提升问题层次，提高课堂效率？

展示过程中让听者复述同伴的答案、追问、采访、换书读等方法巧妙地解决了这些难题。换书读，可以让同伴注意力更集中，进而发现同伴读书时出现的问题；追问，可以解决学生发言层次浅的问题；复述同伴的答案，可以解决学生不认真倾听的问题；采访，可以解决学生只记本组问题不记他组问题的问题。以上几个方面做好了，就能提高课堂的效率。

策略五：评价链条的构建及积分评价

充分调动学生课堂表现的积极性，让学生真正动起来，需要老师有一系列的激励措施。进行积分评价，不失为一种较好的策略。授课老师每节课都要根据学生的课堂表现进行评分。学生每周、每月、每学期的累计积分可以兑换 QQ 币，QQ 币可以在校 QQ 币超市进行消费，兑换学习用品和生活用品。教务处对学生取得的积分进行排名，积分高的小组和个人可以上校光荣榜。

策略六：自我观课及课后反思

自己的课堂表现如何，老师往往是"当局者迷旁观者清"，无法做出正确、客观的评价。因此，想让老师们在上课技能方面有所提高与突破，课后反思和课后复盘尤为重要。上课的时候，授课老师可以把自己上课的整个过程录制下来，课后师生共同认真观看，对自身的课堂表现、肢体动作、评价语言等进行细致的剖析，发现问题后深刻反思，然后改进。课后复盘，精打细磨每一节课，让老师在一次次课后复盘的磨砺中快速成长。

策略七：开展好微格培训及全程说课、捆绑式赛课、"3＋1"评课活动

开学初，新教师培训往往是材料、资料一大堆，讲解、说教胡子眉毛一把抓，培训到最后老师们对许多内容仍然模棱两可。这既浪费了大量的时间也没有收到预期的培训效果，严重影响了新教师的课堂操作进程。利用微格培训方法能很好地解决这一难题。所谓微格培训就是把高效课堂通用操作流程分解成若干模块后，继续把模块进行再细分，然后逐一对新教师进行培训。

全程说课则是在传统说课基础上进行"上挂""下联"。"上挂"指的是要把备课过程中教师阅读、思考形成思路的方法和过程完整地呈现出来；"下联"指的是要把课后的反思、教案的课后修订、对课上出现的问题的梳理和下节课的补救措施呈现出来供同行研讨。全程说课能使新教师快速熟悉并提高高效课堂流程操作。

捆绑式赛课，即"以年级组为单位的捆绑式赛课"。赛课成绩由学校学术委员会成员考评。"一损俱损、一荣俱荣"，该教师赛课的成绩代表整个小组每个人的成绩，即赛课教师的得分就是该年级学科组每个成员的得分。

"3＋1"评课即在观课后的议课过程中，教师评课如果说一条优点就要说三条不足。这样就避免了评课老师顾及授课老师的情面报喜不报忧。利用"3＋1"评课方式进行评课是老师成长进步的加速器，可以让一线教师更快地成长起来。

策略八：课题招标

问题即课题，实践即研究，成长即成果。随着高效课堂的逐步深入，许许多多的新问题也迎面而来，要想让课改这项事业在校园生根发芽稳步前行，还要攻克方方面面的难题。对此，不妨调动一线教师的积极性。例如，对高效课堂需要研究的新课题，或要解决的新问题，学校可以组织各学科组进行招投标。中标的组，在整个研究开发的过程中可以获得学校给予的资金支持。

策略九：以灵活的手段为推进高效课堂保驾护航

推进高效课堂的初步阶段是最难的。尤其是老教师一时难以接受新的教学理念和思想，认为课改会使学生的学习成绩下降，对课改的抵触情绪很大，对课改工作敷衍了事，即使执行也是在校领导的严格监督下被迫去执行。为了彻底扭转这一局势，学校就要制定一系列推进课改顺利实施的具体措施，为高效课堂保驾护航。同时还要有一批课改带头人首先行动起来，率先去做，做出成绩来。例如：上课已达标的教师每月都会享受一定数额的课时补助津贴，待达标的教师不享受课时津贴。通过实践证明参与课改的班级学生成绩稳中有升，综合素质较强。参与课改的老师课堂上更轻松了，还能享受到更好的福利待遇。其他教师在课改中见到成效，才会主动积极地参与课改工作中去。

重构教室功能

高效课堂研究将向何处发展？笔者的观点是：从纸质导学案、导学卡向电子导学案、导学卡渐变，从知识的导学向方法的导学、成长导学（从追求学会到追求会学）突变；从传统技术层面研究课堂向借助现代技术改造课堂转型；从教学层面研究向教育层面研究（课堂生态、课堂社会、课堂生命）提升；从仅研究战术高效向研究战术、战略高效跃迁；从研究学生学习外驱动力向内驱动力拓展；从研究课堂模式向研究课堂模式、教育模式、文化模式三者匹配扩张。上述问题的解决靠的是"教育现场"研究，靠的是师生的"现场学习力"。而教育事件的发生、教育细节的改变最终要在教室完成。因此，我们把教室解读为"教育、教学研究室"也未尝不可。教室的新解必定带来"教室概念内涵、外延的拓展，教室功能、作用的重构，教室现场研究视域的界定、叙事研究成果的表述"等问题的新探索。

一、教室概念内涵、外延的拓展

凡是教育、教学发生的场所均可称之为教室。传统教室概念多局限于校园内部班级授课发生的场所。这样仅从物理空间范畴看就窄化了教室场域。依据教育、教学发生的场所不同，可以把教室划分为大自然教室、社会教室、家庭教室、校园教室、班级教室。场所的不同、内容选择的不同必定带来教育功能的不同。

例如，校园教室的功能就可定位为：让学生从学科走向生活，让学生利用所学的知识解决校园里特意创设的各种实际问题，进而培养学生的动手能力、创新能力和解决实际问题的能力。当前，实现校园课堂常态化的关键环节是校园"教科书"的建设。"编排"这本教科书时，应充分体现综合性、趣味性、探究性、实践性、互动性、生成性、开放性，跨学科整合，从孤立的校园课程景点走向系统的课程景观。校园"习题集"的设计要根据学生的年龄特征和探究能力的不同，划分为如下三种类型：（1）告诉学生问题、探究方法但不告诉结果。即给学生提供将要研究的问题、解决问题所需要的材料和方法，但不提供预期结果和如何使用方法，要求学生根据自己收集到的资料进行概括，灵活运用所给出的方法发现联系，找出问题的答案。（2）告诉学生问题、结果但不告诉解决问题所需要的方法，要求学生找出解决问题的方法，并在问题和结果之间建立合乎逻辑或情理的联系。（3）告诉学生问题但不告诉解决问题的方法和结果，有时也提供材料，但是学生必须自己对收集的数据进行概括，弄清如何回答所探究的问题。（4）只提供情景场，问题需要学生提出，方法需要学生探究，结论需要学生总结，即属于全开放性研究性学习：提出问题——确定探究方向——组织探究——收集并整理资料——得出结论——采取行动。笔者主张上述不同教室、不同课堂、不同教学均可围绕一个主题进行，让孩子享受从"百草园到三味书屋"，再从"三味书屋到百草园"的完整的教育循环。

传统教室建筑设计、布置、文化创意存在同质化现象，年级、学段特征不明显；传统教室功能单一，只是在承载单一的"学习"功能；传统教室的设施照顾了学科的共性，忽视了文理学科的个性。笔者认为传统教室要在教室的味道、教室的色彩、教室的灵魂等诸方面改造升级，要把教室打造成功能齐全，利于学生自学、合作、探究的学科实验室和学科功能室。西方的道尔顿实验室、山东潍坊的语文实验室就是传统教室的美丽转身。

道尔顿实验室目的是废除年级和班级教学，学生在教师指导下，各自主动地在实验室（作业室）内，根据拟定的学习计划，以不同的教材、不同的速度和时间进行学习，以适应其能力、兴趣和需要，从而发展其个性。实行道尔顿制的主要措施：布置各科作业室以代替传统的教室。室内按学科性质设置参考图书，实验仪器、标本等教学和实习用具，并设教师1～2人指导学生学习。将学习内容分月安排，各科教师与学生按月订立"学习工约"，教师根据学生的水平，指定学生做某一个月的作业，并把它公布在作业室内。学生根据自己的能力，自由地掌握学习的速度和时间，并可与教师和同学研究讨论，学生完成本月的工约，须经教师考试，及格后才能学习下一个月的工约。学生的学习成绩和进度会登记在学习手册上。

潍坊一中的"语文实验室"形同阅览室，每个实验室大约配书2000册，学生可以根据统一制定的学习目标自由选择相应书刊。另外，还配备了与教学相关的音像、软件资料及电教器材。在"语文实验室"教学，没有教师说学生听、教师教学生学的那种严格的形式；学生在自由阅读、互相切磋，与老师共同讨论、共同参与的多向多边活动中探索、寻觅、汲取知识，真正体现了学生的主体地位。"语文实验室"课时的设置采取大课时办法，即100分钟为一课时，学生可以连续不断地阅读学习，完成既定的学习目标。时间安排相对灵活：教材学习占三分之一，在教室进行；课外阅读和写作实践各占三分之一，均在"语文实验室"进行。

笔者的观点是进入高效课堂破帖阶段的学校每周可以拿出一至两天时间尝试道尔顿实验室计划；进入入帖阶段的学校可以在教室设置学习功能区（独立自学完成区、合作讨论区、教室指导学习区），让学生自主选择。

二、教室功能的新思考

教室不仅是学生学习的地方，更应该是学生学会交往、学会生活和精神成长的地方；教室不仅是一个物质性的空间，更应该是一方充满多元、多彩、多味、多姿、多力、多能的复合生态场。

多元的教育场。多元教育指教育的多元（自我教育、同伴教育、师生互相教育、文化场教育）、方法的多元、目标的多元。当前应把教室的功能从教学场提升到教育场——要分数，要考虑分数得到的过程、方法是否道德，还要考虑除了分数还给了学生什么。仅从教学场狭隘的角度讲，当前要从偏重课本显性知识、教师传授知识矫正到重视师生、生生课堂碰撞生成的新知识。也就是说，要研究传承知识与创新知识在课堂上所占的比重。

多彩的生活场。教室无疑是师生共同生活的场所，是师生的另一个家。因此教室要有家的功能，要体现出生活化的味道。生活化主要指教室的布置要一切以孩子为主，要有切合孩子生命的美学风格，比如在班级里摆放一些绿色植物，或者小金鱼等动物，让孩子们能够随时看见生命的成长，与大自然保持联系，感受自己以外的生命呼吸。教室里的色彩也可以丰富一些，如低年级可以考虑偏近粉红色系，用绘本童话场景和角色来装饰，让孩子直接地感受到亲切、温馨和安全；高年级可以偏近青蓝色系，或者回归黑白，装饰以成熟的字画作品，有一种清澈高远的意境；而中段则可以考虑选择介于二者之间的绿色系列，配以东方风格的清新插画等等。当然，装饰教室的最重要的事物，应该是师生的作品：大家共同生活过的照片和文字，大家从稚嫩到成熟的艺术作品——甚至许多新教育教室提倡宁可有不完美，也要让每一个孩子的作品上墙，因为这是"我们"的阵地。所以教室布置，应该把教室墙面当成我们自己的杂志社、电视台、档案馆。同时，教室还可以成为我们自己的园艺房、展示厅，大家种植的花草盆景，烧制的陶艺等，都可以利用这个空间陈列交流。总之，教室里的每一个空间都应该由师生共同创造，成为一段共同穿越的生命旅程的见证。

多姿的生命场。生命，在任何阶段，都需要一个自由舒展的领地。教室与生命联系在一起，是为生命而存在。教室是孩子生命从安全到自由的最重要的驿站。教室一头挑着课程，一头挑着生命。没有生命绽放的教室，就不可能是完美教室。当前要思考的是在教室这个教育现场如何落实：学生是人不是物；学生是未成熟的人，不是心智健全的成年人；学生是具有不同个性的人，不是整齐划一的群体人；学生是发展速度有差异的人，不是同一速度齐头并进的人。尊重生命、呵护生命、抚育生命是教室功能发挥的前提；学习不能以摧残生命为代价；"守住自己的教室"，让每一个生命在教室里开出一朵花来。

多味的信息场。以往教科书是孩子们的世界，现在应该是世界是孩子们的教科书。"我们需要做的——唯一要做的——就是尽我们所能地把这个世界带到学校和教室，给孩子们需要的及他们要求的帮助和指导，然后走开。"

我们生活在一个信息爆炸的时代，但由于学校的特殊性，学生整日在家庭、校园、教室"三点一线"间行走，无法全面获知"家事国事天下事"。为了让学生在学习课本知识的同时，"读社会无字之书，做当代有德之人"，班级不妨开设一门新的课程——社会信息交流课。把社会浓缩进课堂，让学生学会积累运用、学会甄别分析、学会交流评价、学会批判与抉择，进而达到综合性教育的目的。

学校的教室里应该有经常更换的报纸杂志；应该有配有经典名著、当代流行文学作品等开放的图书角；还应该配备背投电视、可以上网的电脑等。若有条件也可以为班级配备捕捉信息的摄像机。

"多力"的社会场。教室就是一个缩微版的学校，教室具备学校的一切结构与功能。教室，注定是一个生长中的部落和社会；教室，注定是一个要形成自己文化与规则的地方。从幼儿园、小学、中学、大学、参加工作，学生要经历游戏社会、规则社会、模拟社会、真实社会四个阶段。幼儿园、小学的游戏社会指的是角色体验、不当真，一切可以从头再来；中学的规则社会指的是言行要按规则办事，违反规则是要付出代价，要受到惩罚的；大学生活是模拟社会，社团活动是走上社会的预演、彩排，是虚拟社会到真实社会的过渡。

在教室这个微社会里，行政长官可以竞选产生；法规及重大决策要实行全民公投；班级里可以有自己的公安局、法院、检察院，有民事仲裁法庭等；要有民间社团、协会等非官方自治组织……

让学生在民主的生活中学会过民主的生活。我们要借助教室这个社会场培养未来的公民而不是培养顺民或暴民。

"多效"的生态文化场。教室文化是有层次的，从外到内依次为外显层——物质、行为文化，中间层——制度文化，内隐层——精神文化。精神文化引领班级发展：历史积淀根植师生心田，班级精神引领师生成长，班级目标成为师生的共同愿景。制度文化保障班级发展：制度在自我管理中升华为共同的价值追求。行为文化彰显班级品位：道德行为彰显细节，教学行为彰显常态，活动行为彰显特色。

当前，教室文化建设存在一些硬伤：有文字无文化，有文化无主题，有主题无自我；同质文化多、个性文化少，预设文化多、生成文化少；静态文化多、动态文化少。

教室是学生的，文化设计的出发点要基于对儿童的发现和了解，尽可能体现出学生的天性爱好，体现儿童特色，体现儿童的认知水平和认知能力。教室文化的设计也应该交给学生，通过学生自己的民主的论证，让孩子们自己拿方案，充分利用好教室。

教室文化是不可复制和移植的，应该是内生的，是在长期的学习生活中形成的。教室文化是常新的，是动态发展的，是有阶段性的，不同的发展阶段需要不同的校园文化；教室文化是个"情感产物"，如果不让师生去解读、言说，并与师生的生活和生命发生关联，那么他们就会习以为常却又视而不见；文化其实是一种"生态"，它应该具有极大的生长空间并和师生一起完成自身的生长。只有让"文"作为载体，"化"成为过程，才能使文化真正内化到广大师生的内心里，对其起到激励、鼓舞、教育作用。塑造教室文化就是精心制作班级的浓汤，要注意文化的浸润作用；塑造教室文化就要关注精神文化的塑魂作用。

　　要把握教室里成人文化与儿童文化的度，要重视两种文化碰撞衍生出的新文化；要在读懂儿童的基础上，研究两种文化的视角转换、融合。

　　另外，我们必须意识到，这是一把双刃剑，它既可以提高竞争优势，也可能创造出某些状态，阻碍班级进行必要的创新与变革；它可以造成短程成功，也可能造成长期的失败。在有效管理和建设当前教室文化的同时，要未雨绸缪地每隔一段时间就进行创新，进行转型，以转变班级的结构与制度，更重要的是改造和重建教室文化。

三、教室现场研究的新视域

　　若把"教学"解读为教师教学生怎样学、"教室"解读为教育教学的研究室的话，我们就应该确定教室现场研究的一些新视域。

　　阅读发展心理的研究。包括阅读动机、阅读兴趣、阅读习惯、阅读方法、阅读效率等。

　　道德发展境界、阶段的研究。人的道德发展，会经历自然功利境界（包括逃避惩罚和渴求奖励两个阶段）、习俗规则境界（包括"我要做个好人"和"我要捍卫游戏规则"两个阶段）和道德仁爱境界（包括将心比心与惠泽天下两个阶段）三个相继的境界（六个发展阶段）。如何实现阶段的跨越、境界的提升是研究的重点。

　　习惯养成教育的研究。为什么多数中小学的养成教育年年、期期做，而成效不大呢？影响的因素有：行为标准不清晰，缺少参照标准，导致行为方向游移；行为训练不持久，缺乏持续监控，导致行为目标不落实；行为意义不明确，导致学生有道德之知，而少道德之行、之情、之信，行为价值异化；行为训练内容不科学，脱离实际行为结果虚化等。因此习惯养成有效性，从行为到习惯关键阶段，如何实现他律、互律、自律的提升，如何从刻意不自然到不刻意自然的转化等是研究的重点。

课堂的观察与诊断的研究。从听课、评课到观课、议课再到课堂的观察与诊断是课堂研究的质的提升。传统的听课、评课就像中医对课堂的诊断，靠的是经验；课堂的观察与诊断犹如西医，靠的是仪器、量表的分析。观察角度的选择、观察量表的设计、观察数据的记录、分析、观察结论的得出等应是研究的重点。

教育诊疗与心灵档案的建立、解读。教育诊疗程序研究：假设——面对症状，估计几种可能的病症及原因；验证——通过一定手段和途径验证这些假设；诊断——用排除法等，初步锁定问题的类型和程度；处方——根据学生、教师、家长多方具体情况制定干预措施。检测的手段的研究：画心中的果树，画全家福，画"五项图"，回忆早期记忆，词语联想、音乐联想、涂鸦等。心灵档案使用对象、方法的研究。

优等生身上问题的研究；潜能生闪光点的研究。

教师要树立全面研究学生的意识，研究学生的兴趣、习惯、心理、思想、道德、认知；研究学生学习、记忆、思维模式、建构特点；研究学生自学、合作、探究等学习方式。教师还要树立研究自我的意识，对自己的教育、教学进行观察与诊断。总之，教师要树立工作研究一体化的思路，工作中研究，研究中工作，把问题当课题，把教室当作研究室。

四、教室现场研究结果的呈现

教室现场研究总是以特定的教育事件、教育活动、教育故事、教育行为等为载体或中介，离开这些载体，教室现场研究就成了无源之水、无本之木。教室现场研究结果可以以班级教育叙事的途径呈现。所谓班级教育叙事，是指教育者或研究者以叙事、讲述故事的方式表达对教育的理解和解释。它不直接定义教育是什么，也不直接规定教育应该怎么做，它只是通过一个或多个教育故事，让读者从故事中体验教育的理念或过程。教育者运用教育叙事的方式提炼班级精神、建构班级文化，是一个很好的选择。

创意 "教师期末工作总结"

一、现象描述

笔者有幸连续五年参加了一个县区中小学年终督导评估（年检），特意关注了中小学教师撰写的期末工作总结。从学校的重视程度、教师对待此事的心态、教师总结的风格、相邻两年总结内容的变化等视角出发，笔者发现学校领导对教师期末工作总结的要求及教师撰写工作总结的心态、流程、质量存在以下共性问题：学校领导对教师撰写期末工作总结重要性认识不到位，临时仓促、粗放地布置，缺少引领、指导、规范要求、质量考评；学校领导对教师工作总结仅仅做例行公事的归类、存档，缺少研究、交流、分享；教师总结的主题雷同、内容狭窄，局限于课堂、教学、分数，缺少多元的教育视角；教师对撰写工作总结采取的是应付的心态，粗制滥造，网上搜索、粘贴、复制或将自己去年总结改头换面，缺少"自我"，缺少"新我"；教师总结的内容大话、套话连篇，采用的是"放之四海皆正确的万能语言"，说的是"大理论套小理论的正确的废话"，整篇抄袭、空洞无物，缺少个性、风格、特色；教师总结的事例，因平常教育教学"涛声依旧"，缺少改革创新，缺少理论的学习、消化、吸收，要么是旧事重提，要么是只叙事无思考、无理论支撑，甚至出现自己洋洋得意的成功做法却是不道德的、违背教育规律的"反面典型"的情况！

二、破解策略

1. 内容形式上的多元改革

工作总结并无定式，重在认真观察思考。让教师打开思路，为其提供多角度的总结重点，是激活教师工作总结质量和作用的良好方法。

【模板之一】话题式的工作总结——主题聚焦课改

谈人物：教师可以谈本年度身边对自己有影响的重要人物；可以谈自己；可以谈先进人物的事迹或擅长的技能；可以谈自己如何从一般走向优秀，从优秀走向卓越等成长历程。话题举例：优秀课改教师是怎样炼成的。

讲故事：教师可以讲本年度自己的课改故事，也可以讲别人的课改故事，要鲜活生动，有启发性，最后能回归到高效课堂这个教育主题上来。话题举例：我（或同事、教研组）的课改故事。

叙事件：教师可以把本年度自己经历或是看到的课改事件完整地描述出来，谈自己的感受，从而引发大家的思考。话题举例：触及我灵魂的课改事件。

摆现象：教师可以从本年度日常工作或生活中看到的一些现象展开，分析为什么会有这样的现象，并尝试提出问题的解决方法。话题举例：我为学校（班、学科）课改（管理、发展）献良策。

找细节：教师可以从本年度课改带来的教师或学生的言行举止、服饰、心态等细节变化展开，讲述自己的看法，不求宏观深入，重在启发。话题举例：课改改变了什么？课改又带来了什么？课改需要关注哪些新问题。

话发展：教师可以从展望未来的角度谈自己对新学校、新教师、新学生、新教室、新课堂、新文化的看法，也可以谈自己心目中的第三代课改。话题举例：明天课改我描绘、第三代课改路径探寻。

【模板之二】系统式的工作总结——课改学校教师成长历程与教育教学运行分析

课堂教学改革具体措施，如高效课堂模式的理论学习、运用，导学案的编制与使用，小组建设、小组长培训、小组文化巡展、小组及个人评价，新课型研究、流程创新、核心环节的突破，信息技术与学科整合，学具的研发、使用等。

本学期最自豪的活动设计，如：班级管理台账、班级部委制改革、班级循环日记、班级形象大使评选、班级节日、小天使行动、满足心愿行动、光盘行动、推广普通话行动、阅读绿色快车、主题阅读学习馆；社会信息交流课、集体生日 Party 课、游学课；成长档案、学习习惯、行为习惯培训、落实，主题体验式德育活动，班级反思角设立，家长会创意等。

本学期的专业收获，如：参加高效课堂通识培训、学科培训情况，参加学历进修、计算机考级情况，参加专题讲座或举办专题讲座情况，参与校本教研及课题研究情况，参与校本课程开发情况，综合实践活动课或研究性学习开设情况，撰写读书笔记、教学反思日记，发表论文、论著情况，设计的优质课教案、优秀课件，辅导学生参与研究性学习和科技创新大赛获奖情况，与课改精神吻合的有代表性的优秀命题试卷，能显示自己教学成果的学生作品，学生、教师本人、教研组、学校、家长等对自己此项工作的评价等。

需要提升的地方与自我评价，如自己对自己优缺点、成绩与问题进行自我评估与诊断，并提出下学期改进的策略。

【模板之三】故事式的工作总结——用故事典藏智慧人生

人生就是一个个故事的大串联。从某种意义上说，做教育就是在做故事；教育，正是因为有了一个个鲜活而动人的故事才耐人寻味，魅力无穷。没有故事的人生是乏味的。退一步讲，你可以没有故事，但你不能没有故事感。一个没有故事感的老师，其教学很难会有艺术性，也很难让学生们喜欢。发生在教育里的故事，往往浸润着老师的情、老师的爱、老师的灵性和智慧。因此，学校应让教师每一学期至少要记录一个发生在自己教育国度里的故事。小故事里有大智慧，小故事里有大人生。

故事式工作总结的内容及格式要求：记录本年度自己教育教学中"最感动的一件事、最幸福的一件事、最成功的一件事、最难忘的一件事、最开心的一件事、最想分享一件的事、最得意的一件事、落实学校办学理念的一件事、帮助他人一件事、最遗憾的一件事"，简要概述事件的经过，重点梳理自己的心得。

【模板之四】月历式（台历式）的工作总结

将期末工作总结分解到日常工作中的每个月，以总结台历形式呈现。总结主要内容可以是每个月当月的读书心得（摘录最喜欢的一句话、一个故事），最有成就感的一件事，最值得回味的一节研讨课，最有创意的一个小点子，最能代表自己当月精神风貌、反映师生情深或具有典藏价值的一张"刻录历史"的照片。台历式的工作总结是教师的一部专业成长自传，对教师来说，是一笔宝贵的精神财富，具有永久保存的史料价值。

2. 技术手段上的移植创新

教师期末工作总结不一定要千篇一律地用纸质文本呈现，还可以用微课程、微电影、微视频等现代技术手段呈现。

【模板之五】微课程式的工作总结

基本要求：按照"提炼素材、梳理价值点、提升价值点、形成脚本、设置模板与背景、设置图画与布局、调节字号与字体、调节字数与速度、音乐选择"的九步程序制作一个微课程。

力求符合下列六原则：设计精美，音乐、画面、文字都极精、极简、极富美感；简洁，5分钟左右，一事一议，开门见山，直入主题，直抓关键词；具体，以小见大，直指原因或对策，将理论暗含于问题、故事、策略中；意外，巧妙设疑，有悬念、层层递进，总有让人想不到的地方，又总有恍然大悟的感觉；深刻，能看到问题背后的问题，引发对问题本质的思考；情感，有情感共鸣，不知不觉地产生亲近感与认同感。

3. 交流分享机制上的探索

教师的期末工作总结可以挂在学校网站上，可以粘贴在学校论坛、QQ群、教师博客上，也可以对教师总结的要点用学校微信、微博形式传播、交流、征求意见，还可以在全体教师年终例会上现场交流、评定。

【模板之六】现场交流式的工作总结

创意思路：要求教师言简意赅地对自己年度工作进行盘点、梳理，接受同行年度大考。具体要求是：以课件形式汇报自己的教育教学工作；普通教师限时 3 分钟，校级优秀教师限时 5 分钟，校级以上荣誉称号获得者限时 8 分钟；不穿靴戴帽，直奔主题论述"自己做了什么，做成了什么，将要做什么"，分享创意、策划、实验、观点、感悟、反思等理论与实践成果，也可以剖析自己记忆犹新的反面典型案例，旨在让同事避免不必要的重复探索或给同事以启迪、警示，让其吸取教训少走弯路。

【模板之七】小组组合答辩式的工作总结

创意思路："拼教、拼研、拼学"常态化的很多学校，学习型组织已经建立，教师群体已形成教学、研究合作共同体，已达成共同的愿景目标，因此这类学校不妨以备课组、年级组、某班全体教师为单位，进行小组组合答辩式的工作总结。采取组长综述、组员分述或组员举例验证的组合报告的模式，阐述小组改革创新、互帮互助、团结友爱的典型事例，回顾、总结取得的成绩，反思存在的问题及改进的策略，同时以互动、答辩的形式接受学校评审团的提问、质疑，体现全体参与、共同分享的团队意识。

三、思考与感悟

　　学校对教师期末工作总结的要求是一面镜子，映射了学校管理的层次与效能。笔者的感悟是：教师工作出现的问题若追根溯源，大多数都是学校管理出现了问题；任何工作思路的创新，首先是思维模式的创新；领导对教师布置工作，不要只讲工作重要性，要重点对该项工作的思路、方法、流程提供技术支撑、方法创新；另外，教师撰写的工作总结是教师自己创作的一部成长史，对教师来说，是一笔宝贵的精神财富。教师对自己不同时期的总结进行比较，能看到自己真实的成长过程；通过反思自己的成长过程，可以进一步明确自己的"最近发展区"，定位自己的努力方向。学校通过研究各类教师不同时期的工作总结可以发现教师成长规律，查找、探寻教师发展中的共性问题，同时这项工作还为学校评定职称、量化考核提供第一手资料。

同事为我写工作总结

同事为我写总结，是一种有创意的工作总结方式，具体如下：同事为"我"写总结，"我"加批注补充，主管领导写评语，即"总结＋解读＋评语"合作分享式。

首先，教师选择自己的搭档或好朋友，让其分别从专业成长、教育教学、课程资源开发、班级管理、家校沟通、团队合作、为人处世（与同事、领导相处）七个角度，用案例加结论的方式为自己写一个客观公正的工作总结，多角度分析自己工作的得与失、优与劣、成与败。

其次，教师认真阅读同事或朋友为自己写的工作总结，在此基础上可以写出同意或不同意理由，也可做批注补充。

最后，该教师主管领导要以"我心中的该同事"为主线写一个激励性的鉴定评价。

该工作总结目的是从"我心目中自己""同事眼中的我""主管评价"等视角，让教师梳理反思学期工作，旨在分享，瞩目成长。

附上具体案例，以作参考：

同事总结

你懂或不懂，感情就在那里，只深不浅；你知或不知，成长就在那里，只进不退。

——致亲爱的小欢欢

时光，就如我们指缝间紧握的流沙，总是在我们拼命想留住那最后一抹细腻时，悄然流走。恍然回首，我们又一次站在了细细梳理自己的路口，过去的日子，累过，笑过，苦过，愁过，乐过，最重要的是我们一起经历过。

茧欲成蝶：当今，我们处在一个知识飞速更迭的时代，只有不断汲取新的理念和知识，不断充实自我，促使自己不断向专业化发展，才能在教育教学中发挥自如。教师的专业成长不会是一蹴而就的，需要长期的积累与探索。记忆最深的就是那次学校开展赛课活动。由于新的模式刚开始推行，老师必须自己摸着石头过河，找到最适合班情的切入口。那些天，张老师天天忙着培训，忙着修改课件，连我都替她捏着一把汗。讲课的日子终于到了，我也紧张地坐到了班级后排，准备随时"救场"。出乎意料，那节课张老师流程顺畅，学生配合默契，我舒了一口气的同时，也体会了什么是成长。

不经一番寒彻骨，怎得梅花扑鼻香，经验加反思等于成长。

教育教学：在教学中，准、盯是张老师的两项法宝。她有着丰富的教学经验，熟知每单元的难点、考点、易错点。正是基于她对教材的把握，她的课才更有针对性，教学效率也高。在平时的课堂上，她对学生学情的准确判断也让人佩服，一个不会的学生都不放过。四年级抽测前，数学补习结束后，一名同学跟着她来到了办公室，原来在课上这名同学没有学会。她仔细了解了这名同学的掌握情况，最终让他正确地理解了题目。这名同学就是取得数学抽测第一名的张世豪，他的好成绩与老师的认真是分不开的。

老师不准，成绩不稳；老师不盯，成绩不增。

课程资源开发：课本上的概念、定理讲起来有时是枯燥的，如何让学生学得更有兴趣、更明白，张老师在这方面下足了功夫，也吃透了课改的精神。那一次，孩子们该学习角的分类了，她没有先讲概念，而是直接让他们用纸任意剪一个三角形，然后用量角器分别量出三个角的度数，然后让学生讨论它们之间的异同，最后得出结论。那节课节奏顺畅，气氛活跃，给我留下了很深的印象。

课本的知识是有限的，老师要给学生打开一扇通往更多知识的窗。

班级管理：作为辅导员，张老师在班级管理方面也有独特的一套。打扫班级的卫生是一项繁杂的工作，安排不好则需要耗费大量的时间和精力，还往往效果不佳。张老师依据班里学生的特点，精细划分责任区域，分工到人，再安排一个检查管理人员，既大大提高了效率，也解放了老师。

班级管理无小事，老师应把握每个偶然的教育契机。

家校沟通：这方面也是我最佩服张老师的地方，她总是能在平平淡淡的聊天中拉近与家长、与孩子的距离，让家长产生认同感。

家校沟通并没有我们想象中的困难，因为我们有共同关注的人——孩子。

团队合作：作为年级组长，张老师无疑是我们组各项活动的领头羊，没有她的牵头和策划，我想我们组的工作是不能如此顺利开展的。正如上次趣味运动会入场节目的表演，在大家还都没有头绪之时，她已经想好了整个方案，于是我们做道具的做道具，找歌曲的找歌曲，排台词的排台词，因为那几天的努力，才有开幕式上的精彩表演。

没有最完美的个人，只有最完美的团队，我们为团结代言。

为人处事：在平时的相处中，张老师性格率直，有什么话就直说。也因为这样的性格，偶尔会与他人发生一些小摩擦，但很快大家就会忘记这些不愉快。在平时的工作中，她总是把容易的事情留给别人，把复杂的事情留给自己，自己想到的好的教学方法和保留的试题都能与其他老师分享，我们都以有这样的组长和同事感到幸福。

如果别人让你感受到了幸福，那赶快行动起来，也给别人带去幸福吧，那才是获得幸福的真正途径。

个人反思

我没有史老师说的那么好，她把我美化了，关于教学上的事情我要说以下几点：我认为教育、教学工作苦乐相伴。在教育的星空中，我是一颗凡星，虽不夺目，但追求璀璨；在教改的浪潮中，我是一朵浪花，虽不壮观，但却是浪尖上最有活力的一朵。在身为人师的这些日子里，我学习着、实践着，努力着、进取着，奉献着、收获着，留下了串串清晰、生动的足迹。

"捧着一颗心来，不带半根草去"是我工作的座右铭。在知识传授的同时，我没忘记建立良好的师生关系。只有亲近学生，研究学生，才能展现自我，树立威望。谁爱孩子，孩子就会爱他。要善于接近孩子，体贴和关爱学生，和他们进行亲密的思想交流，让他们真正感受到老师对他的"亲"和"爱"。因此我在工作中不断思索，在思索中不断提高自己工作的艺术性。虽然因为工作的繁忙有时会影响自己的情绪，有时甚至忘记了微笑，但通过理论学习、反思与同伴互助，我会很快意识到自己应该怎样做，所以在处理问题时多了一些宽容、理解。我也终于发现，只要我带着一颗真诚的心去走近孩子，关心孩子，即便是批评，也会被他们接受。孩子们只有真正接受了我这个老师，才会接受我的课堂。

每接一个班我都很用心地去教，对待特殊的孩子，我的方法就是给他信心，唤醒他内心的渴望。这就等于给他自己体内安了发动机，而养护发动机的"机油"就是我们给予孩子的赞誉和信任！

反思自己的工作历程，回顾前行中留下的串串足迹，我要感谢曾热忱帮助过我的领导们，要感谢曾无私指导过我的老教师，也要感谢曾悉心教育过的学生。正是无数个他们的存在，才使我体验到成长的喜悦、教师的快乐和人生的价值。

校务处点评

精瘦的体型，娇好的容貌、忙碌的身影、敬业的态度……是张老师最靓丽的名片。

每次见张老师，听到她谈论最多的就是学生，学生的成绩、学生的品行、学生的家长……学生成了她嘴上说得最多的字眼。关注每一个学生，将学生的点点滴滴放在心上，就是最平凡而伟大的工作，她最可贵的就是将平凡的工作做成了不平凡。

肩负着四年级的年级组长、两个班的数学课程，忙碌成了她的常态。但敬业的态度要求她时时刻刻提醒自己，要用自己的实际行动去诠释自己对工作的真诚、热忱。

学校危机管理策划案例

信息的传播速度越来越快。当学校遭遇突发事件，如果不能及时恰当地进行处理，就有可能使事态以失控的恶劣的方式传播开去。最终不仅损害学校的声誉，甚至毁掉一个教师的前途，一个学生的人生。因此，学校危机管理，是管理者必须重视的问题。

案例一：平息因古诗词竞赛引发的班级风波

【现场还原】A 学校曾发生过这样一件事：学校组织学生进行古诗词比赛，比赛内容是看哪班在规定的时间内背诵的古诗词多。每班派一名学生代表参赛，学校组织部分任课教师担任评委。比赛场上，学生口若悬河，评委屏息静听，经过激烈角逐，终于分出胜负。其中六（1）班以多于六（2）班一首诗的优势获得年级第一。比赛结果公布后，两班学生议论纷纷，六（2）班学生认为六（1）在背诵时有一首诗出现了错误评委没听出来，第一不应为该班所得，大喊不公。为此，两班学生为谁是第一产生了矛盾，他们闹到校长室，找校长讨说法。虽然这是一件微不足道的小事，却造成了生生矛盾、班班矛盾、师师矛盾，班委与参赛者之间的矛盾。如果不及时处理或处理不当，不仅失去比赛意义，还会影响学生情绪，甚至会影响到学校的和谐。

【处理策略】通过调查，学校发现评委老师确实对古诗词有失正确判断，六（2）班学生的抗议不无道理。对此，校长亲自找两班学生代表谈心，肯定了他们的争胜心和实力，让他们正确认识了比赛的目的和意义，等他们心服口服后，又让他们去说服班上其他躁动的同学。矛盾平息后，评委老师认真反思了自身知识上的缺陷。因此，这场风波无论对学生，还是对教师，都不失为一次教育。

【案例启示】本次事件中，在矛盾产生后，学校领导除了及时化解矛盾外，还以此事为契机，对学生进行德育，使矛盾成为学校发展的动力和机遇。同时，一个事件发生后，要及时总结回顾，记录事件、反思过程、提炼经验、汲取教训，以提高学校危机防范能力，避免同类事件的发生，为处理其他危机事件提供参考，这也是一种化解危机的好方法。

案例二：化解政教主任被辱事件

【现场还原】B校长正在自己办公室办公，突然政教处李主任不顾礼仪一下推开门，情绪激动地大声喊道："B校长，你天天教导我要对工作负责，这倒好，我得到的竟然是全校领导分工一览表的照片被学生用红笔画了一个大叉，并写上了'王八'二字，我的人算是丢大啦！如果你不查出污辱我人格的人，我将辞去政教主任职务。"说完面带怒容，拂袖而去。B校长侧面了解到，李主任近段狠抓校风、校纪，顶住各种人情，刚正不阿地按照学校《违纪教师、学生处罚条例》公开处理了一批违纪事件。有被处罚的师生搞恶作剧，借助夜色掩护，在"学校领导分工一览表"的李主任的照片上用笔画了一个大大的红叉，并写了醒目的污辱人格的"王八"二字。这成了众人皆知的校园新闻，闹得全校沸沸扬扬。为此才有李主任怒闯校长办公室辞职一幕。

【处理策略】一般的处理思路是，想方设法找到搞恶作剧的学生，严肃处理，给李主任讨回一个公道。但试想，这样做耗费大量时间也不一定有结果，即使有结果，处理了学生，李主任颜面也未必挽回，甚至出现第二次恶性报复事件。

B校长是这样处理的：事件发生的第二天早上，在学校晨会上，主持人请李主任在众目睽睽之下走铺有红地毯的星光大道，B校长亲自献花，并发表了如下讲话："今天，我们学校用最高礼遇隆重感谢李主任为我校付出的努力。有人半夜作案蓄意污辱李主任，但他们的行为并不能真正污辱李主任，因为这恰恰是从另一个侧面对李主任工作的充分肯定，说明李主任工作认真、严格、无私。而动手脚的人的行为却无法放在阳光下。因此学校决定给予李主任500元现金，以示奖励。同时我也告诉所有领导班子成员和各位老师同学，只要坐得端行得正，认真工作，尽职尽责，就不要怕歪门邪道的打击报复，学校永远支持有理的一方……"

【案例启示】事件发生后，遮遮掩掩不是上策，耗费精力追查恶作剧学生也未必会收到好的效果。B校长采用逆向思维方法来化解政教主任被辱事件：恶作剧者本想借助此事让李主任在师生面前灰头土脸，万万没想到校长亲自献花又重奖，反而让李主任大大风光了一次。这样处理，既弘扬了正气，又给李主任挽回了尊严，的确为上上策。

案例三：秘密处理高三学生偷尝禁果的敏感事件

【现场还原】下晚自习一个多小时后，劳累一天的高三学子，大都进入甜蜜的梦乡。这时，值日班主任王老师急匆匆地向C校长走来："C校长，我发现一个重大情况亟须向您报告。"C校长是当天值日带班领导，听说有重大事件发生，惊问："什么事？""刚才，我看见××班女生××与××班男生××下自习后，拿着铺盖，向餐厅二楼的笙歌堂走去，我紧随其后，发现他们先是将席子铺在地下，相对说话，半个多小时后，他们不谈了，伸开被褥，躺在了一起……"

【处理策略】这件事需谨慎处理，不可盲动！

"刚才这一幕，有没有其他人看到？""没有。"王老师肯定地回答。"您是党员吗？"C校长突然问。"是。"王老师满脸疑惑。"我也是，而且是学校党支部书记。今天我们开个两人党员会议。这个情况，天知，地知，你知，我知，我们以党性承诺，不得将此事扩散出去，您能保证做到吗？"C校长郑重其事。"我能！""我也能！""那么，下面的问题我负责处理，王老师，您可以回去休息了！"

支走王老师后，C校长一人走上餐厅二楼，借着月光，隔窗望去，看到了王老师所描述的一幕。此刻推门进去吗？不行！那样会让他们无地自容。于是，C校长"啪啪啪"，连击三次掌，向他们传递信号。两人一听到外面走廊有动静，立即惊坐起来，把被子弄成一团，置于中间。校长轻轻推开门，原来门后仅有一块砖顶着。随手打开手电筒，顿时，校长看到了两张惊恐万状的脸，而且那个男孩在瑟瑟发抖。男孩紧张得要命，磕磕巴巴地说："校长，不要开除她，开除我吧！""谁也不开除，为什么要开除你们呢？"校长关切地问，"冷吗？"

"有点。"女孩的声音很低。"你们带着被褥，长谈时可以捂捂腿，不是很正常的吗？"听校长如此一说，两个孩子一下子平静了许多。"校长，您看见我们刚才……"校长明白女孩的担心，问男孩："假如刚才的情景，被你爸爸看到了，你认为他会向外人讲吗？""不会。"男孩战战兢兢地答。

"为什么？""因为他是我爸爸！"校长又问女孩："假如刚才这一幕被你妈妈看见了，你觉得你妈妈会向他人大肆宣扬吗？""肯定不会！""为什么呢？""因为妈妈一定觉得这事很丢脸！"女孩不好意思地说。"那么，今天我就约等于你们的妈妈、爸爸，尽管刚才的情况，校长看见了，但我绝不会告诉任何人，因为我像你们父母一样爱你们。"两个孩子听我讲到这里，思想放松许多。"但是，今天这件事，你们做得多不适合呀！"校长话锋一转，"想在一块谈谈心，无可厚非。但你们选择的时间与地点不对。"两人点点头。"所以，这件事本身没有对与错，但你做事的时间、地点不对，就可能导致不好的结果。譬如，高中生'早恋'，恋爱本无错，人之常情，但问题出在一个'早'字上。你们是学生，甚至还是未成年人，在学校谈情说爱，又不懂得保护自己就不应该了……"从两人专注的表情，校长感觉这番话已经入耳入心。最后，C校长说："一个聪明的人，就是在合适的时间与地点干合适的事情。思考任何一件事，不要只顾眼前，还要虑及长远。如果你们彼此真爱对方，在这高考临近的关键时段，是不是应该多为对方想想……"

【案例启示】这种公众敏感事情，若处理稍有不慎，不仅学校声誉会受到极大伤害，更会葬送两个涉世不深孩子的一生，甚至还会惹出难以想象的后果。而我们看到的结果是：当年，两个孩子顺利考上重点大学。六年后，两个孩子喜结连理，他们早已重点大学毕业，并找到了理想的工作。他们一同向C校长发出喜帖，还诚邀C校长做他们的证婚人。这种"保护学生隐私，爱孩子就不让孩子难堪"的处理方式，值得我们称道。

身处一个开放而又迅猛发展的社会，任何一个组织都不可能没有危机。危机管理和危机公关的缺失，对不少学校的管理和发展提出了严峻的挑战。因危机公关应对不当、措施不力，被"一根稻草压倒了骆驼"的事时有发生。因此，学会化解危机，不仅是一种办学策略，也是一种教育智慧，更是一种管理艺术。

管理事后复盘

复盘是围棋述语，就是围棋对局完毕后，复演该盘棋的每步记录，以检查对局中每一步走法的优劣与得失，便于后续提升实战棋力。

学校管理事后管理层也需要复盘，旨在搞清楚每次行动过程中，导致成功或失败的真正原因，不断总结规律、积累经验，提高团队决策力。

管理事后复盘的步骤及注意事项主要有以下几点：

1. 回顾目标，当初的目的或结果是什么。

提醒：（1）理清目标与目的关系：正确目的可以保证目标方向，清晰适配的目标能更好地分解和保障目的实现。

（2）明确目的后，一定要定出可量化或可考核的具体目标，否则，一是无法保证目的实现，二是难与结果对照评估。

（3）若事前所提目的目标不清晰，复盘时追补清晰，便于本次对照，利于提高下次目标的精准度。

2. 评估结果，对照原来设定的目的找出这个过程中的亮点和不足。

提醒：（1）首先与原定的目标相比较，客观分析意料之外的亮点不足。

（2）缺点说透，优点说全。

（3）选好参照标，横向纵向比较。

3. 分析原因，事情做成功的关键原因和失败的根本原因，包括主客观方面。

提醒：分析失败原因时，多从团队自身挖原因，狠批不足补短板。首先要谨慎检视当初目的目标订立是否有误才导致失败，否则原因分析可能会围绕着错误目的目标展开，走弯路。

4. 总结经验，包括体会、体验、反思、规律，并考虑今后补救措施、行动计划等。

提醒：（1）总结经验规律要有更高视野，不局限于就事论事，经验有普适性可借鉴性。

（2）总结经验要谨慎，总结规律更要小心。

复盘的态度：开放心态，坦诚表达，实事求是，反思自我，集思广益。

预防楼道事故十条策略

学校教育，安全第一。隐患险于明火，防范胜于救灾，责任重于泰山。学校楼道是学生上下楼时的聚集区，也是事故高发区。近年来，校园楼梯踩踏事故时有发生。据有关部门统计，仅 2014 年全国中小学发生的楼梯踩踏事故就有十余起之多。许多学校虽然对楼道安全教育已高度重视，但对怎样预防踩踏事件发生，面对踩踏事故时，应该怎么做，缺乏有效策略与措施。下面，笔者就楼梯踩踏事故的预防谈十条策略：

一、克服分界线"盲区"，让分界线规范学生上下楼梯的全部行走区域

据调查，大多数学校都用红线将学生的上下楼梯的区域明确地划分出来，但在转向台这一区域却没有画，而此处正是踩踏事件的"风险地带"。解决的办法：学校要在每个楼梯的转向台，像台阶一样，用红线界定学生的行走范围，让学生在转向台区域依然按规则行走。这样可有效避免学生在转向处出现拥挤。

二、改造楼梯扶手，变单扶手为双向双层扶手

装扶手的目的，除了装饰美观外，更重要的是保障安全。然而，不少学校的扶手是单扶手，靠墙的一侧没有安装扶手。学生通常会感觉靠墙走比较安全，因而警惕性降低，下楼时速度自然加快，最容易跌倒。单扶手的另一弊端是高度一定，一些低年级的学生够不着，等于扶手形同虚设。因此，建议各学校对上下楼梯的扶手进行科学改造：一是在靠墙壁的一侧同样安装扶手；二是两侧扶手按高低分两层设计。双向双层扶手，更符合安全要求，学生在上下楼梯时都有"物"可依，能最大限度地减少拥挤时发生事故。

三、变强制为游戏，让小学生养成上下楼梯向右行的好习惯

一般说来，一个习惯的初步养成需要 21 天，得以巩固需要 90 天，形成内在秩序感需要 365 天。学生上下楼梯向右行，尽管是个微不足道的日常行为习惯，但也能关乎生命安全。因此，必须认真执行并持之以恒。有时候，强制执行也是一种爱护。鉴于小学生模仿能力较强，不妨在楼梯台阶红线两侧设计惹人喜爱的黄、蓝色小脚丫，学生会下意识地沿着脚丫提示的方向行走，这样，久而久之，上下楼梯向右行的习惯就养成了。

四、安排楼梯疏导员，让值日教师或学生成为楼道安全的保护神

各学校应将教学楼各楼梯设置为安全责任区，要么指定专人负责，要么由班主任、任课教师或值日学生担任楼道疏导员。每个上下楼梯的节点，疏导员都要提前站在楼口，指导上下楼梯的师生合理分流，禁止学生在楼道口、转向台、楼梯台阶上、楼梯扶手上玩耍、逗留，确保楼道畅通，上下有序。

五、楼道容纳量紧张时，学校可按学段或者按年级、班级划定学生上下课的时间段，然后有序上下楼

这里特别要强调的是：先行的同学要快速行动，后行的同学要耐心等待。尤其是早操、课间操及学校大型集会时，要有序集散，拒绝"一窝蜂"。

六、将"镜子效应"引入楼道管理，告诉学生上下楼梯别跑快

在每个宿舍楼梯转向处的墙壁上，装一面"正衣镜"。首先，镜子有

"正衣冠"的作用，学生看到自己镜中的形象，自然会放慢脚步；其次，镜子是易碎之物，镜子破碎会伤人，这就时时提醒学生不要拥挤；第三，镜子会真实地投射学生的行为，潜移默化中规范着学生的行为。因此，从某种意义上讲，一面镜子就是一个安全导师。

七、规划、设计疏散路线图（班级前后门、楼梯），疏散演练常态化

学校要根据楼道、楼梯容纳量，科学规划、整体设计各年级、各班级学生的行走路线图，并且规定每班学生日常进出的门和楼梯，不得随意"串位"。天天坚持，形成固定的行走路线。当下，各中小学安全意识普遍增强，每学期都安排有预防地震、火灾等突发事故的紧急疏散演练，但没有形成常规化与常态化。因此，要变学期演练为月月演练、周周演练。唯有警钟长鸣，才能有备无患。

八、制作上下楼梯安全规则"小贴士"，让学生熟能成诵，内化于心

制作小贴士，提醒学生：上下楼梯举止文明，在楼道或楼梯上，不打闹，不逗留，不玩耍；发现拥挤的人群走向自己，立即避让，不要慌张，切忌逆着人流方向前进，若自己不慎被人群涌倒后，要设法靠近墙角，身体蜷缩，双手在颈后紧扣，以保护身体最要害的部位；当发现自己前面有人突然摔倒，马上要停下脚步，同时大声呼救，告诉后面的人不要向前靠近；上下楼梯高峰时，请不要在楼梯上打扫卫生……

九、楼梯台阶不宜太过光滑，谨防学生滑倒

许多中小学的楼梯台阶都采用的是水磨石地面，或者用抛光瓷砖。这些装饰，看上去很美，走起来却有危险，容易导致学生摔跤。因此，学校楼梯在设计与装修时要充分考虑安全因素，可以设置"安全条"，或者用光滑度低的材料（例如实木）来装修楼梯，光滑度降低了，安全系数就提升了。

十、楼道、楼梯长明灯、应急灯双手准备，确保突然停电时照明

许多楼梯踩踏事件，都发生在停电或线路出现故障，学生急于下楼之时。因此，晚上只要学生还集中在楼上学习或休息，就要保持楼道、楼梯的灯长明；同时，还要在楼道、楼梯的适当位置设置应急灯，确保突然停电或电路出现故障时的照明。只有这样，才能有效消除因黑暗带来的恐慌、茫然与无序。

教育以人为本，人以生命为本。加强学生教学楼、宿舍楼楼道与楼梯的安全管理工作，防止学生因上课、下课、出操或火灾、地震等意外事故拥挤发生踩踏事件，是每个教育者的神圣使命与责任。安全教育，贵在制度，难在坚持，重在预防。让学校的安全意识与安全措施为每个生命筑起一道坚实的"保护墙"。

破解校园卫生"老大难"

校园环境卫生工作,是学校管理中老生常谈的话题,然而也是老大难问题。卫生工作主要有两项:一是打扫,二是保持。打扫容易保持难。保持主要是监督学生不乱扔垃圾,从源头上杜绝不卫生现象。如何搞好校园卫生管理工作呢?下面是某校连续三年实行不同管理方法的案例比对。

第一年:轮流值日效果差

新学期学校德育处组织各班主任、劳动委员召开会议,将校园清洁卫生区分配到各个班级,各个班级均采用小组轮流值日的方法落实。各班为了在德育处组织的检查中不被扣分,就派人看管,防止其他班同学乱扔果皮纸屑。

德育处组织各班劳动委员检查打分,而后排名次公布。

【思考】1. 学校的卫生理念是:"他丢弃的是垃圾,你捡起的是品质""捡起一片纸屑,净化一次心灵"。主要提倡发现垃圾,随手捡起来,但并未从源头上解决问题。

2. 以小组为单位,职责不明,吃大锅饭,因而造成打扫时间拖得过长;因小组轮流值日,打扫工具都不爱护,时有丢失或损坏严重。

3. 德育处以打分排名次,发流动红旗,有些班因一分甚至半分之差,得不到"优",心生不甘。再加上评价结果与班主任工作绩效挂钩,易造成德育处与班主任之间的"摩擦"。另外，各班为得高分，劳动委员之间相互拉帮结派，会造成班级与班级之间的不和谐。

4. 各班派学生在清洁区值勤，影响了学生的学习时间；同时，易造成值勤学生与别班学生矛盾。

第二年：责任承包有起色

基于对上年卫生工作的反思，第二年，该校在卫生管理方面做了如下改进：

1. 小组轮流值日变成教室与校园清洁区承包给班级每一个学生，即每个学生都有一片卫生责任区，打扫与保持合二为一。

2. 为了消除学生乱扔垃圾的习惯，德育处根据测算限定每班垃圾数量上限。采取称重的方法对班内每日的垃圾进行测算，若垃圾超过规定上限，就推测本班学生有乱扔垃圾的嫌疑。

3. 德育处采取回避制，年级间相互检查，同时增加抽查次数。

【反思】1. 因全员参与，承包到人，打扫卫生时间大大缩短；天天打扫，校园卫生明显好转。

2. 卫生工具保管良好，还有学生自己购置或制作了实用、方便的卫生工具。

同时也出现了新的问题：

1. 有些路途较远的走读生为打扫卫生，不得不牺牲吃早餐的时间。另外，有学生因事假、病假或外出参加活动，忘记找朋友帮忙，经常出现"卫生盲区"。

2. 德育处要称算各班垃圾，增加了德育处工作量。

3. 优秀指标有限，导致有些卫生保持较好的班级有怨气。

第三年：源头治理全达标

在总结第二年卫生工作经验教训的基础上，第三年该校又做了如下改进：

1. 管理理念上，提出了"尽量不制造垃圾"的要求，从提倡师生捡垃圾到不制造垃圾，从源头上治理，养成良好的卫生习惯。

2. 班级采用劳动货币制，规定每个学生每周必须获得的劳动币数量，根据劳动强度、劳动时间、劳动难易、劳动环境等对保洁区域赋予一定币值，学生可依据自己时间、能力等去选择。既解决了远途走读学生时间紧问题，又解决了学生请假有事问题。

3. 给每个学生配置了一个垃圾袋，挂在课桌上，方便学生及时处理垃圾，不随地乱扔。

4. 变卫生评比制为达标制，只要达标即可，保住卫生底线。

这校园卫生管理的三次变革对广大中小学抓好学校卫生工作做了有价值的探索：

1. 有什么管理理念，就会产生什么样的管理行为；有什么样的价值导向，就会采取什么样的应对策略。

2. 是为考核评比方便修改管理方案，还是为提高工作实效而修改方案？出发点不同，则结果不同。

3. 管理是动态的，某一因子改变可能解决了旧问题，但千万不可忽视造成的新问题。

4. 能否从冷冰冰的制度化管理走向人性化的制度管理，是提高学校卫生管理水平的关键。

第二篇

文化管理

提升校园文化品位九条策略

一、校长要做好校园文化的顶层设计

只有定好位，才能做到位。校长文化是校园文化的灵魂，校长的办学思想是校长文化的核心。它不但反映校长高瞻远瞩的文化视野，昭示方向，而且更显示出校长透过现象看本质的文化功力。办学思想的穿透力不仅在于从历史出发穿越现在而指向未来，更在于从当今世界变化和国情变化出发将理论创新指向实践。这种具有穿透力的办学思想，在推进学校文化建设中起着导向作用、凝聚作用、鼓舞作用和感召作用。这便是校长文化所释放的生产力。

校园文化是校长文化的诠释与印证，是办学理念的拓展与升华，是学校发展主题的反映与表达。因此，确定好文化主题，是校园文化建设的首要因素。

二、学校标识文化的多种表达

不少学校有校风、教风、学风、校歌、校训，这是常见的彰显学校文化特色与个性的方式。但学校的标识文化不局限于此，还可以有多样化的表达。如，学校宣言、校歌、校诗、校故事、校图腾、校吉祥物、校形象大使、校树、校花等等。

三、对校园文化进行"股份制改造"

想激活校园文化的创造力，可以让校长、教师、学生都"入股"校园文化，成为股东，也就是说，让全校师生参与校园文化建设的全过程，获得参与权和话语权。例如：校长要办什么样的理想学校，先让师生为学校"画像"；要强调哪些校园文化学生最有感觉，就让学生评选；要让学生理解校园文化，就让学生做参观者的导游。

四、创意校园文化的课程景观

放大校园文化的使用价值，打造校园教科书，内容可以是自然景观、文化景观、课程景观。某校一个天文实验室，屋顶是璀璨星空，有醒目的金、木、水、火、土等星球，只要用遥控器指住某个星球，就立即播出一段有关这个星球的天文知识介绍。再如，一个学校的水池底部，铺设有世界地图的瓷砖，这就为学生"触摸世界"带来了方便。

五、重视"学校文化洼地"的开发

班级是学校文化的洼地，校长文化、教师文化、课程文化最终都要汇聚到班级中来，因为班级是学校基本的教育教学单位。但就目前全国中小学校园文化建设来看，重视校园环境文化建设者多，而对班级文化、小组文化以及学生个体文化充分开发研究者少。班级、小组、学生个体文化是一个很大的文化潜源。学校文化是一个整体的链条：校园文化——班级文化——小组文化——个人文化。缺少了班级文化、小组文化、个体文化，学校文化是不完善的。

六、让每个文化符号蕴含教育

让文化产生功效的最好方式是活动与课程，一方面可以设立校本节日，如科技节、艺术节等；另一方面可以开设一些校本课程，如晨会课程、综合社会实践课程等。有问卷调查学生最喜欢的十大好玩课程，孩子们给出的答案是：①读书节；②体育节；③远足节；④感恩节；⑤科技节；⑥电影节；⑦游戏节；⑧英语节；⑨白雪节；⑩欢乐春节。由此，我们不难看出孩子的喜好和我们校园文化建设的方向。

七、放大文化的展示功能

某校每月每班创建一个"主题文化馆"。例如，六年级围绕"四大古典名著"这一主题，五年级围绕"走遍世界"这一主题创建"文化馆"。而后，各班学生在老师的指导下自主设计，采用不同的方式表达，或摄影，或绘画，或作文，或剪贴……最后，进行班级文化大巡展，同学们在参观学习中，见识了不同的文化景观，学到了知识，开阔了视野。通过班级文化巡展，实现"一班一景""一室一品"。

八、建立学校文化"特产"室或学校文化博览馆，或编印校园文化绘本、文化读本

将具有校本特色的校长文化、教师文化、课程文化、班级文化、学生文化以及校园环境文化等，收集起来，专辟展室，办成文化"特产"室或博览馆。建设文化"特产"室或博览馆的过程，也是促进文化创生与创新的过程。或者，将本校的校园文化做成绘本或文化读本，也不失为一种让校园文化落地生根的方式。

九、对校园文化进行期检或年检

校园文化是动态的，不是一成不变的，是与时俱进的，不是僵死教条的。因此，每一个学期或一个学年结束，要对校园文化进行一次期检或年检。发动师生对校园文化进行评议，好的保留，差的删去，不断更新，不断创造，让校园文化成为永不过期的"营养品"，来滋养校园的每个生命。

校园环境建设策划样本

校园物质环境包括学校建筑、景致、空间、内在设施、布局装饰……美好的校园物质环境不仅能陶冶学生情操，净化学生心灵，培养学生审美情趣，还能使学生尽情享受学习生活的乐趣，增强幸福感。

校园环境建设要尊重儿童内心的需求。校园环境设计只有在了解、尊重学生内心世界的基础上，充分考虑他们的情感和意愿，才会合乎情理，才能为孩子所喜欢。

校园环境建设要顺应儿童的发展需求。教育必须顺应儿童天性发展的自然历程，企图以成人的想法代替儿童的想法是不足取的。学生应既是校园物质环境的受益者和享受者，又是策划者和参与者。在"以人为本"的理念下，环境作为一种教育资源，应当充分考虑顺应儿童的发展需求。同时鼓励孩子积极参与到校园物质环境建设中来，激发其爱校护校的归属情感，促进其身心健康发展。如果校园内有自己亲手栽种的花草，教室里涂上自己喜欢的颜色，墙壁上贴上自己画的卡通画，走廊里挂有自己书写的格言……自己的建议被采用，他们会为自己的参与和自我的实现感到骄傲！

学校要在可操作范围内多考虑学生的共性需求，在个性化设计中采纳学生的创意。上海一所外国语小学的探索值得借鉴。学校先组织了"我的校园我做主"创意设计大赛，后根据大赛中学生们的意见和愿望，进行了一番校园改造。

一、创建学生喜欢的走廊

1. 装扮变电箱防火门

有色彩、有情景是学生对走廊的憧憬，实现的空间在哪儿呢？学校想到了每层走廊上变电箱的大防火门。防火门经过美化，成为一幅幅大情景画，有自然界花草树木的美丽景象，有地球与动植物相互依存的想象，还有孩子能自己测量身高的实用卡通图案……画面生动形象，色彩鲜艳，充满乐趣，且有一定的教育意义。

2. 嵌入墙体大鱼缸

前期调研中，有孩子提出走廊的墙壁里最好嵌入鱼缸，让色彩斑斓的鱼在里面游来游去，供他们观赏。尽管实施难度较大，但该校觉得只要是孩子合理的需求，能促进他们身心健康成长的，就值得尝试。

3. 特设"涂涂乐""听听乐"活动区

"涂涂乐""听听乐"是该校应学生"走廊便于活动"的需求而创设的活动区域。"涂涂乐"，即学生随意涂鸦区域，设置在二楼走廊尽头的墙面上，长约 5 米，高约 2 米，可供十几位学生同时随心所欲创意涂鸦。为使这项活动长久持续地开展，在"涂涂乐"涂鸦板的材质上，该校采用价格便宜的纤维板材料，以降低更换成本。"听听乐"，即可试听区域，设置在三楼走廊的尽头。它由五个固定在墙上的液晶屏构成，学生可戴上挂在一旁的耳机边观看荧屏画面，边聆听音乐。每天视频设备的开启和关闭都由中央控制设备统一控制。

4. 开启液晶屏"彩虹窗"

"彩虹窗"其实就是安装在各楼层墙上的可视液晶屏，它也是通过中央系统控制的，视频内容可根据学生的需求经常更换。该校通过"彩虹窗"向学生播出"每日一句英语"以及多档英语原版电视节目等可视内容。精彩的英语节目不仅能吸引学生观看，更能潜移默化地训练学生的英语听力和日常口语应用能力，帮助他们学以致用。

二、创建学生喜欢的卫生间

1. 满足趣味性设计要求

学生对色彩的需求成为该校改造的首要着眼点。该校在卫生间的设计建造上大量使用色彩鲜艳的墙砖、地砖、腰砖。女生厕所以粉色为主，屋顶做成艺术天花板，有彩色字母，暗合外语特色，也有粉色蝴蝶图案，与蝴蝶楼的楼名吻合。男生厕所以粉蓝墙砖、海蓝腰砖为主，天花板镶嵌海豚结伴游泳的图案，活泼又简洁，与海豚楼的主题相吻合，也与男孩追求海阔天空的性格相合。

2. 保持空气清新洁净

学生希望卫生间有好闻的气味，最好装有空气清新剂，该校接纳了这个建议。厕所装上了先进的自动感应喷淋设备，清洁环保，安装自动喷香设备，每间隔 30 分钟自动喷射空气清新剂净化空气，美化环境。2 米高度的设计，既避免了对身体直接喷射，又充分保证了香味自上而下，全方位覆盖，完全飘散。

3. 提供齐全的卫生设备

学生卫生间设计上充分考虑环保健康、人性化的设计理念。在各层的学生厕所，都设有残疾人专用厕所，方便其进出。每个卫生间都配有厕纸、洗手液、干手机、润肤乳、镜子、挂钩。这些人性化的设计方便孩子的同时，也提醒孩子们随时整理仪容，保持形象整洁。台盆上摆放绿色植物，由学生自己负责换水浇灌等，既美化环境，陶冶情操，也能锻炼学生的责任心。

三、创建学生喜欢的餐厅

1. 学生餐桌设计

学生希望能有漂亮、有卡通形象、有故事的餐桌陪伴他们用餐，但学校四处搜罗,却始终找不到能满足学生需求的餐桌成品。于是由学校创意制作的作品由此诞生:有的餐桌上画了食物营养的金字塔,提醒学生饮食要注意营养、适量和均衡;也有的餐桌上呈现了吃西餐的文明礼仪示范。这些点点滴滴的小提醒、小礼仪贴士,似微风似细雨,给了用餐的学生以关心和引导。

当制作好的餐桌呈现在学生面前时,走进餐厅的学生无不眼睛一亮:"哇!彩色的餐厅,比游乐场还漂亮!""我喜欢坐在这张桌子上吃饭,因为上面有很多好吃的水果!"

2. 餐厅"变身"小课堂

学校餐厅的功能是否也能从单一的进餐功能向多用途小课堂转型?该校在餐厅开设西式烘焙课程和中式小点心课程,充分利用餐厅洗手池、大工作桌操作台的便利,在做做、学学、尝尝中品味生活,体会成功的快乐!尤其是西式小饼干课程,着实吸引了学生。

"老师还能教我们做饼干吗?太开心了!"

"我们自己做的饼干能带回家吗?"

该校用芝士、蛋液、面粉调制原料,然后教学生进行揉捏、制作、烘焙,最后把 DIY 的饼干包装一番。餐厅真正成了学生的 DIY 乐园餐厅。

3. 贴心服务人性化

"希望学校能让我们选菜!"学生的这一建议校方进行了深入的考虑。但每天烹制太多菜式供选择,经营成本上不允许。该校想到折中的办法:尝试周五推出午餐"A 套 B 套任我选"的模式,利用现有的餐厅 LED 屏进行周末菜单预选,在数量确定的情况下再烹制,这样既可以避免浪费,又能让学生挑选喜欢的菜肴。如果有孩子身体不适,餐厅还会提供病号餐。温馨餐厅就像学生的家。

四、创建学生喜欢的校园与操场

1. "栽种"校园"成长树"

该校在学校大门内栽下了六棵校园成长树。这六棵树从矮到高，形态各异，每一棵树代表了一个年级；树叶的颜色由浅而深，各不相同，预示着生命成长的过程；圆圆的树叶大小不一，隐喻学校的每一个学生都应是极富个性的。

每天早晨，孩子们踏着轻快的步伐，从树上取下自己的班牌高高兴兴地走进教室；每天放学，离校的学生又将牌子挂在树上，为接孩子的家长提供了放学的信息。校园成长树既美观又实用。

2. 开辟植物神秘带

为了满足学生亲近大自然的愿望，学校在校园围墙边上、教学楼墙体外辟出了一圈绿化带，种植了大量的花草树木，还摆放了许多盆花。大量的植物既美化校园，又净化了空气。同时由于植物品种繁多，除了少许广为人知的，如桂花、石榴树、广玉兰等，更有许多较少见的植物。这样一来，给学生提供了探究的空间。自从开展校园植物探秘活动以来，学生们经常三三两两聚集在一起，他们在仔细观察、认真对比、热烈讨论。

3. 增设休闲长椅、竹径、"七彩长廊"

学校不仅是学生学习的地方，也应该是他们休息、交流的场所。我们在校园门口的花坛间安置了三把橡木长靠椅，即使学生冬天坐在上面也不会感觉冰凉。课间或午休时间，学生们可以结伴来此处休憩闲聊，既可以放松心情，又可增进友谊。而放学后，长椅又成为学生等候家长的好去处。

在通往操场的过道旁，该校种植了两排密密的竹林，并在中间开出一条小径。20 米左右的小径，虽然不长，但曲曲折折，望不到尽头。竹林成了不少学生探险的地方，他们喜欢在这里捉迷藏。

在宽阔的操场一侧，该校特意搭配不同颜色的植物建起了一条"七彩长廊"。七彩象征着少年儿童多姿多彩的童年生活。到了夏天，绿藤爬满了长廊，孩子们可以再绿荫下漫步、纳凉。

4. 搭建"景观水池""小小农家乐"

为了满足学生体验农家生活的需要，该校在蝴蝶楼前建起了景观水池，池中的假山旁种植着几株睡莲、荷花。金鱼和金龟在水里游来游去，动静结合，相衬相映，吸引众多学生前来观赏。而养鱼，喂龟，清洁水池都是学生感兴趣的事情。

在食堂后面的车道旁，该校还搭建了一个"养养乐"小木屋，这里可以饲养学生喜欢的小动物，小木屋旁边开垦了"种种乐"自留地，种上蔬菜，瓜果。养养乐和种种乐合称为"小小农家乐"，学校希望学生能在实践中感受快乐，在快乐中体验生活。

"景观水池"和"小小农家乐"除了丰富学生的课余生活，更为他们提供了英语交流的话题。该校认为与其刻意的创设情境，不如从学校实际出发，从学生生活出发，让孩子在真实的情境中对话、交谈，更好地培养他们的英语交际能力。

5. 建立宽大的活动区域

为了给学生提供足够的活动空间，满足他们好动的天性。学校除了在校园的东面建有大操场外，还在不影响学校整体格局的基础上，在教学楼之间有辟出了一个小操场。两个操场同时使用，学生在一起开展体育活动并不显得拥挤，也为每个学生每日一小时户外活动提供了硬件保障。

大型操场两侧安置可移动篮球架、足球门等，小操场上一旦活动需要，则摆放各种轻便的、可随意拆卸的体育器材。这样的设计，也使大小两个操场灵活多变、极富个性。

五、创建学生喜欢的教室

1. 橱柜功能变多了

对于班级教室内常规设施，该校在细节上多动脑筋，力求功能最大化。如班级橱柜被做成了高低错落的组合式柜，命名为"长城柜"。打开面板即可储物，合上后可以当凳子坐。两低一高三个柜子便组合成一套简易桌椅，可供孩子玩桌面游戏。孩子要是想在教室后的软木板上贴作品，这些高高低低的矮柜又可以用来垫高，教室里的活动内容因此增加了不少。

2. 课桌收纳更方便

细细思量孩子使用过程的每一个细节后，该校把课桌定制成了左右可放书包，桌肚可放书本，椅子下可摆放物品的样式，不仅省去学生原来跑前跑后拿放东西的不便，而且供写字的桌子也比原来大三分之一。黑板做成上下移动式的；黑板前的两个照明灯一灯一开关，如果同时使用屏幕和黑板，可以一盏开一盏关，既能看清屏幕，又能看清黑板；窗帘选用米色加厚款，拉上窗帘可以避免反光；窗户用双层玻璃保温隔音。

在校园物质环境的改造建设过程中，该校让学生参与设计发表对理想校园的看法，并充分考虑和接纳了孩子们的愿望与喜好，值得推广。

在进行校园工程建设时，我们应该思考，如何设计和利用校园的设施，为教育教学服务。如何有效开放校园各个场所，使其作用最大化，让各级段孩子尽情享受物质环境带来的便利。如何让新环境服务于孩子内心需要、教学需要、良好品行习惯建立需要。

洛阳市龙和小学理念文化策划方案

教化之本，出于学校。文化育人是一种既古老又崭新的教育理念，自古以来就是教育的核心。学校因文化而恒久。学校文化之于一所学校的意义，犹如灵魂之于生命、思想之于人类，是一所学校凝聚力和活力的源泉。富有魅力的学校文化会衍生出一股强大的文化力，它无时不在，润物无声，能使学校的品质卓然，绽放个性神采。

洛阳市洛龙区龙和小学坐落于九朝古都——洛阳市。古都洛阳，历史厚重，文脉书香代代相传。河图洛书，华夏文明之滥觞；西晋左思，洛阳纸贵流誉后；北宋洛学，弘儒学，谱理学新篇；宋朝杨时，尊师道，有程门立雪。当代龙和小学，承古都之底蕴，沐教改之春风，扬牡丹之神韵，舞文化之旌旗，打造牡丹文化理念，彰显学校特色，提升学校品位。

文化引领发展。北宋欧阳修有诗赞曰："洛阳地脉花最宜，牡丹尤为天下奇。"洛阳因牡丹而美誉华夏，牡丹因洛阳而甲天下。洛阳龙和小学聚力打造牡丹文化，让牡丹文化覆盖和浸润到龙和小学教育教学的方方面面，落实"绿化、美化、课程化"的教育构想，引领学校在教改浪潮中，扬云帆，立潮头。

教育与文化偕行，秉笔谱写华章。发展，时不我待；创新，永无止境。学校全体师生，团结一心奋步前进，引领学校最终成为享誉华夏的牡丹文化品牌学校。

一、基本理念

【文化主题】

1. 定义：文化主题是学校教育教学行为与管理经营活动的中心，是学校地域文化、校本课程和文化理念系统的主旨。

2. 洛阳市龙和小学文化主题是：牡丹文化。

3. 阐释：

"国色朝酣酒，天香夜染衣。"牡丹以其独特的天姿秀韵被赞誉"国色天香"，它雍容华贵、高雅大方、蕴含丰富，象征着幸福吉祥、富贵和乐。洛阳龙和小学践行素质教育，切实为教师职业生涯的幸福顺心、为学生的幸福成长创造条件。学校营造"和乐"教育氛围，校园处处闻牡丹之香，并探索多种形式的"牡丹诗文诵读"，让每位学生享受生活、环境"课程化"的快乐，创造幸福和乐的学习与生活环境。

牡丹名品"洛阳红"，艳如朝霞，落地生根，经历寒冬，生命力极强，它不忧环境，唯以自强风骨示人。"红芳堪惜还堪恨，百处移将百处开"，牡丹身上显示的生命活力与激情，形象地代表着中华民族奋发向上、自强不息、刚强坚韧的伟大精神。牡丹的自强风骨，之于学校，彰显学校朝气蓬勃、锐意进取的行健姿态；之于学生，展现龙和学子自强进取的精神风貌。

牡丹花种繁多，姹紫嫣红各有特色，多姿多彩竞芳菲。牡丹文化精神，之于学校，要求学校坚持和实践科学发展观，以师生为本，尊重师生的全面可持续性发展；之于教师，要求教师真诚对待每位学生，细心呵护他们的成才，尊重学生个性发展，培养的学生如牡丹一样，尽情舒展自我风采，各有千秋，各有特长。

牡丹品种之多，依靠科技进步精心培育。学校倡导科技教育，将牡丹作为实物化的校本教材，引导学生从书本到生活，从"三味书屋"到"百草园"，落实学校"绿化、美化、课程化"的要求，将科技教育纳入生活。

【学校愿景】

1. 定义：学校愿景描绘的是学校的未来发展蓝图，是全校师生的共同愿望。

2. 洛阳市洛龙区龙和小学的学校愿景是：享誉华夏的牡丹文化品牌学校。

3. 阐释：

"河图洛书"的传说昭示着华夏文明之源远流长。河洛地区先民们在远古时代创造了悠久灿烂的黄河文明，黄河文明则以河洛为核心和发祥地。

洛阳牡丹甲天下，龙和校园绽芳华。洛阳龙和小学将教育与地域文化相融合，培育出别具个性的牡丹文化，延伸到教育教学的方方面面。牡丹之多姿，象征教育之多彩，指引学校积极推进素质教育，尊重个性，发展特长，让孩子享受快乐童年，让教师成就幸福人生。学校突出以牡丹文化为特色的课程和教学活动，歌牡丹诗文，凸显传统底蕴；赏牡丹之美，尊重科技精神，促使师生延展知识与能力。

学校全体成员将把"享誉华夏的牡丹文化品牌学校"这一学校愿景作为长期的奋斗目标和行动的动力，与"绿化、美化、课程化"的教育构想融合，将它一步步变为实现。

【学校精神】

1. 定义：学校精神是学校在长期的办学实践中提炼的、被学校全体成员认同的精神支柱，它对全校师生具有导向和激励作用。

2. 洛阳市洛龙区龙和小学的学校精神是：群英竞上，弘毅自强。

3. 阐释：

群英竞上："竞夸天下无双艳，独立人间第一香"，群英竞上体现出一种永不止步的精神，蕴含着催人奋进的无穷力量。牡丹以"独立人间"的傲然英姿，成就天下第一的美丽、娇艳。牡丹朵朵放光彩，各展英姿，各具芳华，尽情舒展自己的个性，激励学校师生自信地展示自我之美，在群芳烂漫之中，以竞争中共进步的心态，追求卓越，释放自我巨大的发展潜力。

弘毅自强："一年春色摧残尽，更觅姚黄魏紫看"，春色摧残尽，而牡丹依然香如故。牡丹之不畏寒冬摧残，象征龙和人品格之弘毅自强。冬去春来牡丹犹有倾城色，锻造的是一种不畏艰难的勇气。"士不可以不弘毅"，师生效仿牡丹，意志坚强，心胸宽广。自强，是一种自我激励、努力向上的精神力量，是龙和小学师生追求卓越、勇于创新、誓争一流的进取精神的写照。

【校训】

1. 定义：校训是学校在长期办学实践中形成的，对全校师生具有规范、鞭策和导向作用。它能概括学校的整体价值取向、独特气质、文化底蕴，蕴含师生的道德理想、人格特点和历史责任。

2. 洛阳市洛龙区龙和小学的校训是：品贵冠群，天香砺成。

3. 阐释：

品贵冠群：唐代诗人刘禹锡有名句"唯有牡丹真国色，花开时节动京华"。牡丹冠群，享拥天香独步之国色，这是一种追求一流、追求卓越、力臻完美的意志、信念。洛阳市龙和小学，凭地域之优势，聚牡丹之德馨，全力兴学育英才，立志练就第一品，成就第一流；激励师生锻造誓争一流、追求卓越的勇气，立志成长为豪迈的中国人。

天香砺成：牡丹不为园圃所囿，敢冒酷寒严霜；不弃贫瘠之土，无愧肥沃之壤；终集日月之精华，天香奇葩。她，自强不息，天香砺成，如同龙和人的坚强风采，象征龙和师生厚重之品格。

【校风】

1. 定义：校风是学校风气的总称，包括师生在工作、学习、生活中养成的风气，以及在学校发展历程中所积淀的优良文化氛围。

2. 洛阳市洛龙区龙和小学的校风是：百花齐放，和乐致美。

3. 阐释：

百花齐放：一朵花，一个世界；一个人，一种精彩。龙和小学尊重每一位学生，展其特长，扬其个性，让孩子如花儿，朵朵绽放光彩。发展每一位教师，业有所精，自成一格，人人皆为名师。学校秉承自由之精神，开放之胸怀，让每位师生都绽放人生的精彩，百花盛开，春色满园。

和乐致美：龙和小学弘扬和谐之风尚，以沟通为桥梁，以理解为契机，团结每一个人，集聚每一分力量；学校坚持以师生为本，让教师感受到幸福与快乐，从而树立强烈的责任感，甘为学校发展倾注满腔心血，甘为学生奉献全部力量。学生激情无限，自觉丰富自身学识，汲取智慧力量，绽放青春风采。

"百花齐放，和乐致美"的校风，内蕴牡丹文化之神韵，外化"绿化、美化、课程化"教育构想，让牡丹之香充盈校园，让和乐之美流溢心头。

【教风】

1. 定义：教风就是教师在治学态度、教书育人、科学研究等方面形成的良好风气。

2. 洛阳市洛龙区龙和小学的教风是：博采成美，爱育群芳。

3. 阐释：

博采成美：为人师者，应进德为先，修业为本，善思明辨，博闻多识，以自身努力达到德行之美，知识之丰；授业解惑，又须历览古今中外，不断总结、探索、创新教育教学方法，言传身教，因材施教，传播知识。博采成美，引导教师学牡丹芬芳之趣，提升能力，做行动的强者，踏踏实实做事，成就自信人生；涵养心性，静心处事，文雅有礼，成就美丽人生。

爱育群芳："枝枝承日彩，片片引天香"。教师心中要有对教育的赤诚，爱生如玉，护之如花，培育学生幸福、自由成长、成才，让学生如牡丹之群芳竞艳、朵朵放光彩。教师用无时无刻的关心，呵护学生；用一点一滴的心血，成就学生。洛阳龙和小学教师正是在爱花护蕾的幸福中，成就自我，在工作中体会快乐，享受教育，享受成功。

【学风】

1. 定义：学风是学生在学习过程中应该养成和遵循的风气，是取得良好学习效果和成人成才的保证。

2. 洛阳市洛龙区龙和小学的学风是：正品爱智，乐润童心。

3. 阐释：

正品爱智：龙和小学重视传统文化教育，弘扬中华美德，鼓励学生读圣贤书，立君子品，做有德人，与花香为伴，与诗文为友。学校遍布牡丹之美，以优美环境涵养学生心性，让学生知美、懂美、爱美，让牡丹文化内润于心，引导学生确立、保持并发展自身的美与善，一点一滴积累美德，一言一行文明有礼，最终学会做人、学会求知、学会做事、学会合作，成正品爱智之人。

乐润童心：牡丹，象征吉祥与幸福。龙和小学将这一理念贯彻育人活动始终，使学生置身牡丹芳苑，浸润牡丹文化，闻嗅牡丹之香，寻求知识与兴趣的契合点，引导学生在学习中发现快乐、感受快乐，养成乐于学习、乐于思考的好习惯，从而激发潜能，学有所成。

二、办学理念

【办学策略】

1. 定义：办学策略是从学校的现实形态中高度概括出来的、为提升学校的核心竞争力而着重实施的方法。

2. 洛阳市洛龙区龙和小学的办学策略是：牡丹文化树品牌，国学教育创特色。

3. 阐释：

牡丹文化树品牌：打造学校自身特色是学校在激烈的竞争中赢得发展的切入点。龙和小学地处古都洛阳，受益于牡丹文化之熏陶，致力于打造享誉洛阳的牡丹文化品牌学校。在这一办学策略引领下，学校以牡丹装饰环境，让牡丹之美流溢校园，让师生徜徉于牡丹之香，落实"绿化、美化、课程化"的教育构想，培养学生高雅品质，塑造学生健康人格，不断提升办学品质，打造品牌学校。

国学教育创特色：办学特色就是学校在办学实践中所形成的独特个性和风格，是学校最具辨识度和竞争力的特质。龙和小学历来重视国学教育，在新时期、新形势下，她传承悠久人文历史，打造牡丹文化，使学生植根传统文化，建"牡丹诗社"、诵"牡丹诗文"、填"牡丹之歌"，积极创建"牡丹书香校园"，落实"课程化"，让学生从"三味书屋"走向"百草园"，让知识融于生活，激发学生的求知欲与创造力，终成心智通达的灵气学子。在这一策略的引领下，我校的办学优势凸显，展现了独特的风貌，为学校发展拓展了一条极具竞争力的办学之路。

【培养目标】

1. 定义：培养目标是学校所肩负的育人使命，是学校要培养的学生所具备的基本素质。

2. 洛阳市洛龙区龙和小学的培养目标是：多才多艺、美言美行、自信向上、勇于创新的阳光少年。

3. 阐释：

多才多艺：学校以牡丹点缀校园，千朵万朵竞自由。牡丹，风采各异；学生，标异竞秀，如牡丹朵朵放光彩。学校培养学生亦倡导以人为本，践行素质教育，鼓励发展特长，让每位学生张扬自我风采。

美言美行：学校让牡丹之美处处闪现。目力所及，尽揽牡丹之美；移步之间，吮吸牡丹之香。学生美言美行，具体表现为仪表美、语言美、行为美、心灵美。学校注重培养学生文明礼貌、仪表整洁、举止大方，在优美环境中，花美人更美，展现学生独特的精神内蕴。

自信向上：学校弘扬"洛阳红"自强不息的生命精神，汲取自强不息的民族精神，鼓励学生与自信同行，砥砺自己、相信自己、悦纳自己、激励自己，为幸福人生奠基，让学生们形成乐观性格，培养学生自信的神采。

勇于创新：学习不仅仅是指学习书本上的知识，还包括增长实践能力和创新能力等。学校营造科技氛围，打造牡丹科技园，激发学生的想象力和创新意识，使学生的兴趣和个性得到充分发挥，让童年充满好奇与创新的激情。

阳光少年：学校结合小学生特点，走现代教育理念之路，通过爱的教育培养欢快活泼、健康向上、善于沟通、天真烂漫，充满阳光气息的时代少年。

多才多艺、美言美行、自信向上、勇于创新的阳光少年，这就是龙和学生的写照，也是学校人才培养的目标。这样的培养目标融汇了牡丹品格与神韵，从教育的落脚点体现了"牡丹文化"的核心理念。

三、管理理念

【管理原则】

1. 定义：管理原则是学校管理工作中的基本准则。

2. 洛阳市洛龙区龙和小学的管理原则是：人本管理促进人文化，精细管理实现规范化。

3. 阐释：

人本管理促进人文化：学校管理播撒的应是爱心，给予的应是关怀。

校园的天空中充满的应是温暖，洋溢的应是欢笑。管理层应当人性化地运用管理与评价的杠杆，去凝聚人、关爱人、发展人。教师把教育视为呵护花朵勃发生机的事业。学校管理以亲和凝聚人心，以人本管理促进校园人文底蕴积淀，提升管理效能。

精细管理实现规范化：精细，要求我们将繁杂的管理化整为零，细化管理，实现每一个细节的完美运作，起到事半功倍的管理效果。规范，指管理的统一性原则，即管理要标准统一、尺度明确、程序科学，力求做到"人人有职责，事事有章程，靠制度管理"。规范化，既是我们所期望达到的管理效果，同时也是精细化管理的必然要求，它有利于协调各方管理，以实现学校的和谐、快速发展。

【人才理念】

1. 定义：即学校的用人观念、用人思想。

2. 洛阳市洛龙区龙和小学的人才理念是：德才兼备，多元相融。

3. 阐释：

德才兼备：宋代司马光《资治通鉴·周记》说："才者，德之资也；德者，才之帅也。"充分体现了德的重要性。学校效牡丹之雅正，注重道德培养，善育善励，以德才兼备为准绳选拔人、成就人。有德才可身正是范，有才方能学高为师。优良的品德是人之立世的根本，学校以德才兼备为标准，尊重人，实现人，发展人。

多元相融：一枝独秀不是春，万紫千红春满园。洛阳龙和小学注重多角度选拔人才，形成老、中、青结构合理的师资队伍，激发教育理念创新，促进教育教学方法的融合。学校教职工各具特色，又有共同的奋斗目标，加强交流，相互切磋，不断融合，共同提高，形成丰富多元的人才局面。

【服务理念】

1. 定义：即学校各层领导对教职员工、全体教职员工对学生及其家长所遵循的理念。

2.洛阳市龙和小学的服务理念是：爱心呵护百花开，细心成就第一品。

3.阐释

爱心呵护百花开：爱是教育的阳光。苏霍姆林斯基说："教育如果没有爱，学校将成为一座坟墓。"爱是教育的服务原则。洛阳龙和小学坚持爱心至上的服务理念，全校上下精诚团结，爱心满怀，顺畅开展学校各项工作——学校全身心地关心教师生活，教师关爱学生成长，爱花护蕾，让学生生活多姿多彩、绽放幸福。爱心呵护百花开，让学校赢得美誉，保障学校持续、快速、健康发展。

细心成就第一品：宋代梅尧臣曾赞牡丹"花中第一品，天上见应难"。学校始终以高标准严要求开展服务工作，倡导"花中第一品"的牡丹精神，树立精品服务意识，以细心将每项工作落到实处。学校管理者树立精益求精的工作标准，高效整合学校资源，于细节之处彰显完美，丰富完善学校运行体系，最终实现学校工作的高品质和高效率。

四、口号及誓词

【学校口号】

1.定义：学校口号是指充分体现学校核心意志与办学特色，用以鞭策全校师生的宣传性标语。

2.洛阳市洛龙区龙和小学的学校口号是：

天香润英才，国色泽龙和；

群芳竞自由，诗书毓灵慧；

闻香识牡丹，爱育百花开；

牡丹文化树品牌，国学教育创特色；

人文科技展双翼，阳光服务赢未来。

【教师誓词】

我是龙和小学的一名教师，教书育人是我神圣的天职，学生是我关爱的对象。在此我庄严宣誓：

一心赤诚，含真情，育真人，弘师德；

三尺讲台，教真知，传真理，做良师。

博采成美，书香成就博雅之范；

爱育群芳，赤诚培育百花齐妍。

【学生誓词】

我是龙和小学的一名学生，作为龙的传人，置身牡丹芳丛，在此我庄严宣誓：

德如牡丹之馨，孝敬父母，尊敬老师，友爱同学；

学如牡丹之芳，良习相伴，博学好问，合作共进。

弘毅自强，天香砺成品自高；

阳光自信，多姿多彩展个性。

【学校宣言】

1. 定义：学校宣言是学校形象的集中展现，是学校对社会的庄严承诺。

2. 洛阳市龙和小学的学校宣言：闻牡丹芳香，塑灵心慧质；倡国学诵读，传华夏文明。置身牡丹芳苑，品味诗书雅韵。我们志存高远，博学致美；我们立德立人，止于至善；我们品正学芳，仁智双馨，人文新美，科学发展，共创和谐校园。

牡丹开满园，迈步从头越。全校上下，精诚团结，率文教之精英，秉牡丹文化之底蕴，聚力打造享誉洛阳的牡丹文化品牌学校。

洛阳市龙和小学环境
文化策划方案

洛阳市龙和小学，始建于 2006 年 11 月，在政府相关部门的大力支持、社区居民和全校上下的不懈努力下，已成长为洛阳市洛龙区基础教育的模范学校。

学校环境文化建设，是学校理念文化的外显形态，是学校发挥环境对师生润物无声、潜移默化教育作用的物质载体。积极严整的学校风气、特色鲜明的学校文化，朝气蓬勃的学子风貌，文明礼让的生活秩序，离不开学校环境文化建设。

学校高度重视环境文化育人的作用，在提炼了学校核心理念文化后，鉴于学校发展的新时期，学校一方面追求为全体师生创造良好的学习、工作环境，发挥环境育人的效能；另一方面力求为师生打造身心放松、快乐成长的家园。

洛阳市龙和小学环境文化建设在深刻挖掘、提炼、梳理学校内在精神、核心理念的基础上，外化形象意识、强化精品意识、提升发展意识，确定视觉识别的统一性，突出学校"牡丹文化"教育品牌，营造花香流溢、书香满园，赏心悦目的环境文化氛围，养育学校教师志趣高雅、爱育群英的心胸，培养学子和谐、幸福的心态。

文化塑造人，环境影响人。全校上下必将在优质环境文化熏陶下，振奋精神，抢抓机遇，不断开拓创新，为打造"享誉中原的牡丹文化品牌学校"，乘风破浪，勇立潮头。

一、设计总述

1. 设计意义

学校环境文化是学校文化的外显形态，是树立学校形象，延续教育形象，塑造学校品牌的基础和重要保障。外化形象意识、强化精品意识、提升发展意识是学校走内涵发展之路的必然趋势和要求。

2. 设计目的

深刻挖掘、提炼、梳理洛阳市龙和小学的内在精神、学校理念等内容，确定视觉识别的统一性、校园格调的特色性，实现"绿化、美化、课程化"的要求。弘扬优美、典雅、丰富的学校文化，使之起到润物无声、潜移默化的育人效能。

3. 设计理念

坚持以人为本，面向未来的设计理念，充分考虑校园的景观性、标志性、人文性，并与学校办学特点相结合，将学校理念、制度、视觉识别系统和校园文化营造进行统筹规划设计，塑造一个既秉承东方传统文化，又充满现代人文气息的和谐校园。

4. 设计原则

（1）恪守洛阳市龙和小学环境规划的整体要求——"绿化、美化、课程化"，以"营造学生发展的最佳空间"为基点，力求"让学校的每一处角落流溢牡丹之香，飘逸书香之美"，体现尊重、关怀和提升，让洛阳市龙和小学在传承中创新，在牡丹花香中成长。

（2）环境设计要有前瞻性，把目光瞄准未来，既要现代新颖，又要切实可行。

（3）以教学为中心，以师生为主体。既重视装饰性，又重视知识性和课程化，营造富有生命力的校园环境，让师生能融入其中，乐在其中。

5. 设计思路

洛阳龙和小学的校园环境文化建设分为两个部分进行规划设计——建筑外景观文化，建筑内景观文化。

二、具体设计

（一）建筑外景观文化

1. 大门

大门是学校之第一视觉印象，是建筑外景观文化的重要组成部分。

大门设计典雅沉稳，又不乏恢宏气势，展示学校的"牡丹文化"个性，凸显学校发展的无限前景。西侧设置传达室，东侧墙面镶嵌学校名称"洛阳市龙和小学"，一角装饰牡丹花瓣，设计简约而实用。

2. 大门内园区景观

大门内侧的两个园区共同营造人文之美。东、西两侧园区整体设计图案在空中俯瞰为牡丹形状，格调高雅，不落窠臼。

西侧园区命名为：涵芳园。取意于《史记·屈原列传》中："其志洁，其行廉，故其称物芳。"

该区凸显娱乐功能，设计成牡丹花造型，并在其中设置矮凳，供学生学习和休憩。学生置身其中，徜徉花间，感受知识芬芳，交流成长，涵养高贵品格，成就品格之芳。中间牡丹花蕊位置设计"发现的眼睛"主题雕塑，以牡丹花瓣相互盘结，蜿蜒而上，色彩艳丽，让牡丹之美尽情绽放，也象征学生拥有发现美的眼睛。

东侧园区命名为：知行园。取意于王阳明提出的"知是行之始，行是知之成"。知行合一是改革中国传统教育的一剂良方，教育名家陶行知先生求真知、做真人，力倡知行合一。

该园区凸显学习性，设计牡丹枝花园小径，造型以片片花瓣砖作为地面装饰，以文化展板展示该园区的学习性主题，内容为值日学生所书牡丹主题的名家诗文。下边的横木可以供学生休息，瞻仰诗文。篇篇诗文让学生涵养灵心慧质，让师生感觉馨香四溢，如春风拂面。

3. 操场文化墙

操场围栏内侧：展示牡丹名品图片，展现牡丹花种类，花姿俏丽；配以文字内容介绍牡丹分布概况、牡丹发展现状、牡丹栽培技术等，展现科技之于牡丹品种培育的作用。

正对教学楼围栏：此处设计为大型影壁喷绘，以大型牡丹图片为背景，配以学校精神"群英竞进，弘毅自强"。彰显学校理念，凸显学校特色，激励师生成长。

4. 楼体字及楼体浮雕

主楼楼体字为校训——"品贵冠群，天香砺成"。

位置：面对校门的主体教学楼正面墙体

教学楼东侧楼体字为学风——"诗书成趣，明礼扬长"。

位置：教学楼东侧墙体。此处面向操场，学生锻炼、游戏目力所及之处。

楼体浮雕：教学楼西侧设计浮雕，主题为"馨香润泽，和乐致美"。浮雕下部以簇簇牡丹彰显馨香之意，寄寓学校的牡丹文化特色。

5. 生态园

生态园设计在学校最西侧，与西侧的园景相接。设鸽子笼养育鸽子，其后设计假山瀑布，营造灵动之感。在假山中养金鱼，并在该园区设计动物雕塑，让学生体味天人合一，人与自然的和谐相处，彰显学校的人文之美和文化特色。

6. 教学楼后、操场前的六个花坛

六个花坛种植牡丹名品，每个花坛种植一种牡丹名品，如姚黄、魏紫、洛阳红等，在环境营造上既保持整体的一致，又保持六个花坛的各自独立。在文化营造上，六个花坛分别对应六个文化园区：语文园、自然园、地理园、历史园、英语园、生物园。在每个文化园区内放置文化展板，并提出问题，激发学生的求知欲。具体内容如下：

（1）语文园

赏牡丹

唐·刘禹锡

庭前芍药妖无格，

池上芙蕖净少情。

唯有牡丹真国色，

花开时节动京城。

你还知道刘禹锡的哪些作品？

（2）自然园

牡丹花大色艳，品种繁多。根据花瓣层次的多少，传统上将花分为：单瓣（层）类、重瓣（层）类、千瓣（层）类。牡丹一般于 5 月初开花。牡丹常见花色主要有红、紫、紫红、粉、白、蓝、绿、黄、黑和复色等。我国可以种植在温带、寒热和亚热带地区的牡丹品种有 300 多个，此外牡丹还有日本、美国、法国品种 100 余个。

你知道温带、寒热和亚热带都种植什么植物吗？

（3）地理园

牡丹为落叶亚灌木，原产于中国西部秦岭和大巴山一带山区，汉中是中国最早人工栽培牡丹的地方。牡丹喜凉恶热，宜燥惧湿，可耐－30℃的低温，在年平均相对湿度 45％左右的地区可正常生长。牡丹需要疏松、肥沃、排水良好的中性土壤或砂土壤，忌黏重土壤处栽植。

你知道为什么洛阳适宜牡丹生长吗？

（4）历史园

牡丹在我国已有 1900 多年的栽培历史。汉代以药用植物记载于《神农本草经》；隋代，北方已大量种植；唐代，盛植于长安；北宋，洛阳牡丹为天下冠；南宋，牡丹种植中心开始南移，四川的天彭牡丹继起，有

"小洛阳"之称。至明朝,"曹南",即今菏泽牡丹开始名扬海内。

你知道哪些洛阳的历史文化名人?

(5) 英语园

牡丹学名:Peony

Can you speak "Mu-dan" in english?

It's Peony.

Do you like Peony?

Yes,I do!

How do you think this Peony?

It's very beautiful!

Can you give me a Peony?

Yes,I can!

(6) 生物园

中文名称:	牡丹
别称:	鼠姑、鹿韭、白茸、木芍药、百雨金、洛阳花、富贵花等
界:	植物界
门:	被子植物门
纲:	双子叶植物纲
目:	虎耳草目
科:	芍药科
属:	芍药属

你知道纲、目、科、属是怎样界定的吗?

7. 道路文化设计

洛阳市龙和小学有一条主要的道路,名为:天香路。路名源于"国色朝酣酒,天香夜染衣"的名句,也与学校理念"牡丹文化"一脉相承。

位置:洛阳市龙和小学操场前

设计意图：营造道路文化氛围，另外，此处道路设计地面平滑，便于师生在此练习写字。

8. 建筑文化设计

教学楼命名为：群英楼。

命名取意：源于学校理念文化"群英竞上"。它激励学校师生开创新之路，以超前的意识，洞察先机，步步为营；寻争先之途，以如虹的锐气，抢抓机遇，争创一流；寻无限可能，实现学生的可持续发展，释放学校巨大的发展潜力。

（二）建筑内景观文化

教学楼集教育教学活动于一体，设计充分考虑教学区的综合特点，达到全面而不失特色的效果。

1. 群英楼大厅

群英楼大厅是学校环境文化的一个重要载体，是校园文化宣传的主窗口，充分展示学校形象，展现学校的教育理念，体现学校特色。

东侧墙面张贴三风一训。设计用意：宣传学校理念文化，让理念文化成为师生言行的指导。

西侧墙面展示校长寄语。设计用意：凸显校长对龙和学子的殷切希望，让校长的关怀成为龙和学子成长的动力。

表现形式：整个教学楼大厅的东西墙壁以铝塑板装饰，龙和小学三风一训及校长寄语放置在以木质边框装饰的有机玻璃展板上，材质质朴厚重，又不失简约灵动。

2. 走廊

（1）楼层整体文化设计规划：

①班级信息栏

位置：教室前门

内容：由班级悬挂班风、班训、班级口号、班级集体照片、教师寄语等。

②门牌

教室门牌：以牡丹名品命名班级名字（可由各班自主选择，学校主管部门负责协调工作）。

③廊柱

设计内容：牡丹吟咏名句选。一至四层的廊柱设计与上下楼梯形成呼应。此处设置展板，以吟咏牡丹的名家名句营造文化氛围。

（2）走廊主题规划如下：群英楼四个楼层各设一个文化主题。

一层设计主题：牡丹书画和学校理念。

二层设计主题：牡丹诗、词、赋及知识链接。

三层设计主题：咏牡丹历史文化名人。

四层设计主题：牡丹科技发展、牡丹民俗活动。

（3）与教室墙相对的楼体墙：

设计学生作品栏，以"墨香笔韵"和"妙笔生花"两个主题打造涂鸦天地，可设学生作文、书画、故事、手工艺等板块（学校可根据实际需要自行完善内容）。

（4）上下楼梯：内容设计牡丹吟咏名句选，此处设计与楼体廊柱设计理念风格一脉相承，诗句以朝代为主线，选择五言名句。表现形式为异形展板，在形式上与廊柱形成区别。

（5）卫生间：卫生间以节水、卫生警句营造文化氛围，让学生明礼有仪，言行优雅，注重卫生和形象。

学校文化的特点及建设的误区

一、学校文化的特点

1. 学校文化是学校发展的核心竞争力。

2. 课程特色是学校文化的最大的特色。

3. 校园文化的发展方向是实现校园文化的课程化，不能仅仅停留在绿化、美化的层面上。

4. 主题文化馆是班级文化的又一新视域。

5. 学校文化需要培植、积淀、提炼、经营，要把文化转化为生产力，以文化人。

6. 学校文化一定要有特点，同时将开放、包容、创新作为学校文化的底气。

7. 学校文化有学段特点：小学——童话的、自然的、生活的，要突出童话的；初中——自然的、生命的、自主的，要突出生命与自主。

8. 一个学校的文化发展有两条路径：一是外化路径，即顶层设计，由上到下落地；二是内化路径，即小组——班级——学校，也叫内生长。

9. 学校文化建设分三个阶段：第一阶段，文化符号——理念文化；第二阶段文化载体——课程、课堂、活动文化；第三个阶段文化行为——行为文化。最好的文化表现在孩子的言行上。

10. 学校文化是要解读的，解读的过程也是教育文化叙事的过程，也是创造文化故事的过程。

11. 学校文化需要年检、删除、增容、更新。

12. 学校文化是动态的，生长的——向上、向内、向外生长。

二、学校文化建设的误区

1. 文化的表述不完整、不系统，没有构成链条：理念文化——制度文化——行为文化——环境文化。不少学校的文化是孤立的景点，不是景观，更没有构成一个相互关联的文化生态链。

2. 文化缺少逻辑推演。好的学校文化犹如一本书，文化的主题犹如书名，要用一个词或一句话概括出来。文化不仅有"形"，还要能找到"魂"。

3. 学校文化的最高境界是全校师生形成共同的话语体系。一个学校的话语体系风格要一致。

4. 学校文化应由科学、人文与艺术三要素组成。换言之，文化应包括科技、人文、艺术三个方面。现在不少学校的文化有人文，缺艺术，无科技。

5. 环境文化不等于标语化。环境文化与理念文化无关联，在目前大多学校中是一种通病。

6. 没有把景点赋予文化的内涵。要把理念文化物象化、景象化、形象化。

7. 文化的功能没有彰显出来。学校文化建设的目的是为了以文化人。但许多学校没有把学校文化变成一门课程，没有实现学校文化的效益最大化。

8. 学校文化建设的主体是学生和教师，学生是学校文化的主要创造者，而不仅仅是文化的消费者。让谁说话，说谁的话，说出来的话给谁听——这体现着学校文化的高度。

9. 当下不少中小学的文化都是预设的多，生成的少；静态的多，动态的少；同质的多，个性的少。

学校新文化行动纲领

一、学校新文化行动的内涵

"学校新文化"是基于当下的教改实践中人们过于崇拜技术而提出的一个新命题，试图从文化的视角审视学校改革，来寻找改造学校的工具与方法，用系统理论来思考学校发展。

课程改革的本质，是学校教育文化的重塑；学校变革的关键是文化的变革。学校新文化行动所倡导的学校改革不是学校某一方面的局部改革，而是系统性的全方位的学校改造，通过专家的思想引领来逐步改变学校校长和教师的心智模式，改革既有的学校管理文化。

学校新文化行动致力于在学校范围内从文化层面构建具有转型意义、重塑教育生产关系、解放教育生产力的一种新秩序。她所追求的理想教育是——让教育和学习成为一种生活，一种孩子快乐、教师幸福的生活。

二、学校新文化塑造的重心

学校新文化塑造的重心是构建三个精神文化世界：构建一个求真的知识世界——大力倡导阅读，鼓励教师表达，鼓励教师自主学习；构建一个向善的人际世界——强调合作胜于竞争，打造教师团队，每个人都要成为服务者，大力推进民主进程；构建一个优美的心灵世界——用高雅的艺术熏陶感染教师心灵，使之更清澈、灵动、细腻、高尚，注意学校形象的细节，关怀并引导教职工的人生幸福。

三、学校新文化的思辨

学校新文化的切入点，首先不是在学科课程教学的改革上，也不是在五花八门的各科教材"翻新"上，而是在基层的教导主任、基层的校长和基层的教育局长这一教育管理群体层面上。我国中小学教育的软肋就在这里，即缺少一大批会管理、善经营、懂教学的教育管理者。

学校新文化不会自然而然产生并成长，它需要有思想、有责任感、有教育情怀的局长、校长领着教师们去建设。学校新文化建设的过程，就是以新课程改革为核心的基础教育改革、创新和发展的过程，是学校新文化与既有学校文化彼此消长的过程，也是一个"破旧立新"的过程。

建设学校新文化的根本宗旨在于重塑教育生产关系，解放教育生产力——主要指解放教师。重建学校管理文化，其主要目标，就是建设一种"以师为本"的文化。换言之，学校新文化建设，就是重新分配教育的权利，重新调整教育管理者与处于教育第一线的教育者的关系。因此，学校新文化建设，指向十分明确，就是改革现行的教育管理制度，包括改革教育行政部门对学校和学校对教师的管理，以解放校长和教师两个层次的生产力，以充分调动学校和教师这两个主体的积极性，使教育改革创新成为学校和教师的内在需求，使教育改革创新真正源于每一所学校、每一个教师和每一节课堂。概言之，学校新文化建设的实质是教育管理文化的变革。

四、学校新文化行动的推行方式

学校新文化行动将从学校诊断开始，通过诊断梳理优势，发现问题，可以从问题入手，总结优势，优势进行放大，问题进行矫正。

发现并团结一批样本学校，研究样本学校的文化价值，解读其核心密码，是推行新文化行动的第一步。然后，以样本学校为核心进行经验推广。

行动是我们的最高纲领。所有的理念只有在行动中才能得以验证，我们坚信行动永远大于理念。

五、学校新文化的行动原则

对学校实施教育思想领导，在起始阶段需要相关的制度、规范、规则，在进行中也需要方法、措施等，但从根本上讲，需要校长的影响力和智慧。在此强调七个原则：

原则1：必须确立学校的基本教育思想、价值观和教育信念，并且将其转化为办学思想、理念。

原则2：必须能够将校长的教育思想、办学理念转化为与学校全体教师共享的价值观、共同的理念和信念、共同的愿景。

原则3：要给予全体教师进行教育研究、探索、改革、创新的充分而自由的时间和空间，以使他们能建构起自己的教育思想，摸索出自己的教育道路。

原则4：要善于经营"让学习产生兴趣、让读书成为习惯、让研究融入工作、让思想伴随人生"的文化氛围。

原则5：要彻底避免"管理主义"，最大限度地解放教师，让"科学精神"统帅校园，尽可能使教师成为校长的"追随者"。

原则6：切忌"齐步走""统一行动""一切行动听指挥"的思维习惯。校长要擅长"个别工作""具体指导"，在教师中培养起"思想领袖""学习榜样""改革创新的先锋"。

原则7：要有耐心，从最基础的事情做起，因为"文化建设"急不得，没有"速成法"，必须慢慢来。

六、学校新文化行动的五大支点

唤醒校长的变革意识（领军人物）

营造有灵魂的校园文化（主题明确）

催生教师专业成长的组织

打造高效课堂

设计有主题的教育生活

第三篇

活动管理

打造书香校园的十个小创意

一、循环读书节

小学传统的读书节要么主题单调,学生感到乏味;要么主题重复,学生不感兴趣;要么因年龄跨度大,某些年级沦落为陪衬、看客。有鉴于此,笔者特推出循环读书节的小创意。

所谓循环读书节指的是以年级为单位,每个年级一个主题,比如:一年级童谣节;二年级童话节;三年级故事节;四年级国学节;五年级名著节;六年级名家节。

分级的好处是照顾到了年龄段,虽然每个年级的主题相同,但对于每届孩子来说又是新鲜的,每个孩子在小学六年就会度过六个个性的读书节。另外对学校来说,对每个主题内容都不是零起步,都是在原来基础上不断丰富、补充、拓展、提升,这样既减轻了教师筹划压力,同时又提升了读书节的品质。

二、为学生量身定制阅读方案

北京第十一中学校长李希贵提出的为学生量身定制阅读方案的建议也非常值得借鉴、推广。

尽管现在提供了许多中小学生的阅读书目,但具体到某一位学生,真正理清自己的阅读思路、明确自己眼前的阅读计划,也并不是一件简单的事情。

因此，在实际教育教学过程中，教师们根据不同学生不同的阅读基础以及未来发展的需要，为其定制个性化的阅读方案就非常有益。量身定制的个性化的阅读方案必须在师生互动中形成，老师在与学生充分沟通、了解的基础上，与之共同拟定。方案一般包括：本人阅读现状的分析，阅读习惯的优势与问题的解剖，近期与长期阅读计划，阅读达成目标及注意的问题等。在个性化方案积累到一定数量时，就可以通过归类的方式，形成具有一定规律的适合某类学生的阅读方案。

三、图书漂流

图书漂流指的是在学期初，全校师生将自己读过的并认为最有价值的一本书，附上"图书漂流卡"并写上推荐理由，赠送给自己的好朋友。好朋友阅读后写上读后感，继续让这本书漂流下去。期末评选最佳推荐图书及优秀读后感撰写者。

图书漂流卡

图书漂流又正式起航了，欢迎师生们加入图书漂流队伍。

本书因为有＿＿＿＿＿同学捐赠，才有了此次"奇遇"记，你才有机会读到这本有价值的书。因此你要怀着一颗感恩的心虔诚地听一听原图书主人对你说的一段话：＿＿＿＿＿＿＿＿＿＿

＿＿＿＿＿＿＿＿＿＿＿＿＿＿＿＿

＿＿＿＿＿＿＿＿＿＿＿＿＿＿＿＿。

如果你阅读完，请不要忘记留下你的名字及读后感言。

图书漂流活动受益小读者签名处：＿＿＿＿＿＿＿＿＿＿

＿＿＿＿＿＿＿＿＿＿＿＿＿＿＿＿

＿＿＿＿＿＿＿＿＿＿＿＿＿＿＿＿。

四、《读书成长手册》

本着"一个人的阅读史就是一个人心灵成长史"的理念，为了激发学生的阅读兴趣及督促其记录阅读成长足迹，特要求学生每学期编撰一本记录自己心灵成长的读书笔记《读书成长手册》。

《读书成长手册》栏目设计简介：1. "同学们，我想对你说"：以书信形式向学生介绍读书及坚持记读书笔记对自己精神成长的价值。2. "我的天地我装扮"：让学生为自己的读书笔记起一个诗意名字并配上个性风格的插图。3. "阅读留影"：选一张自己的读书靓照粘贴在该栏目处。4. "读书宣言"：文采飞扬的读书宣言。5. "阅读标尺"：依据课标研发的低、中、高三段阅读书目、数量及阅读素养目标。6. "我的读书明信片"：如笔名、书友，喜爱的读书名言、作家、人物、书目等。7. "学期读书计划"。8. "周读书笔记"：如故事梗概、人物评价、续写故事、好书推荐、自由摘抄、积累大本营等。9. "小驿站"：阅读感悟、自我反思、同伴鼓励、师长评价、父母嘱托等。10. "假日阅读"：个性化的阅读日志。11. "期末大盘点"：阅读书目一览表、获奖情况一览表、剪报集锦、优秀读书征文荟萃等。12. "阅读积累套餐"：中小学生必背诵古诗词、读书格言选录、成语分类集锦、常用谚语、歇后语推荐等。13. "版块跟踪指导"：详细的使用说明及一一对应的典型案例。(1.5.12.13 由教师完成)

《读书成长手册》好处：每年孩子为自己写一本书，很有成就感；六年积累下来，就是一部孩子心灵成长史，是童年生活档案。从语文角度说，实现了"课内外一体、读写一体、我手写我心"的大阅读目标。

五、班级图书档案角

有些农村中小学因条件限制无法购置图书柜，即使购置图书柜学生查阅也极不方便，建议尝试班级数字图书角的小创意。

班级数字图书角：班级图书让本班全体学生分散保存，墙壁上只要张贴"图书目录编号、保存人"一个表格即可。学生借阅时，可先从图书角查阅书目，再向保存人借阅，阅读后归还。

好处：解决了图书柜问题；方便了查阅；破解了读书保存、管理问题；利于生生沟通读书心得。

六、童话人物蒙古包（亭）、读书小阁楼

为了调动小学生读书兴趣，有条件学校可设计创意校园文化景观——童话人物包、读书小阁楼。

童话人物蒙古包（亭）：将中外著名童话故事中主人公以塑像形式分类建立在一个个蒙古包（亭）中，四周配置惬意舒适的椅凳及与之有关图书，阅读完后可与相关人物合影。

读书小阁楼：仿照少数民族小竹阁楼样式在校园适当位置建立读书小阁楼。小阁楼从下到上每层依次放置不同层次图书——分级分区阅读。每学期定期开展阅读考级活动，学生持考级证书在不同楼层阅读。

好处：符合儿童年龄、心理特征，能刺激调动学生阅读兴趣；实现了情景阅读、分级阅读；为打造书香校园及校园文化建设又开辟了一个新的途径。

七、书香家庭创建及亲子阅读擂台赛

创建书香校园旨在"以阅读为载体，促进学生人文素养的提高"。我们的倡议是：与书为友，与书为伴，品味书香，成就人生。各校可通过"小手拉大手，读书进千家"活动，将争创书香校园提升、拓展到评选书香家庭、书香社区，进而实现家庭、社区成为学校读书活动的支持者、宣传者、参与者和建设者。为此，笔者特拟定了如下的《书香家庭评选细则》，以供参考。

书香家庭评选细则：1. 为孩子创设了一个良好的家庭读书环境，小

书屋"四个一"建设达标("四个一"指一间小书房或小书角、一个小书柜或小书架、一张小书桌、一盏台灯)。2. 购置了一定数量的适合孩子阅读的课外读物(家庭藏书至少有 50 册；每年购买新书不少于 6 册；至少订有一种报刊)。3. 家长和孩子能共同拟订详细的读书计划，互相监督，按计划实施。4. 根据孩子的年龄和实际情况，制定亲子共读计划；寒暑假每周亲子共读时间不少于 2 小时，平时孩子每天的阅读时间不低于 30 分钟；孩子读书数量在班内、年级内名列前茅。5. 经常利用周末时间或其他休息时间，带孩子一道去书店或图书馆买书、看书，让读书成为一种休闲时尚。6. 家庭中经常开展家庭读书报告会，讨论交流各自的读书心得和读书方法。7. 家长要引导和教育孩子读自己喜欢的书，读好书、看名著，广泛涉猎各种类型的书籍。8. 家长要思考如何提高孩子的读书兴趣，用高雅文化占领孩子的心灵。9. 鼓励和引导孩子写读书笔记或读书摘录，鼓励孩子在阅读中思考人生、思考世界，鼓励孩子发表自己不同的看法和见解。10. 鼓励孩子参加各类读书征文、竞赛，积极向各类报纸、杂志投稿。

书香家庭每年评选一次，联合居委会给获奖家庭授牌表彰。

亲子阅读擂台赛的创意：1. 学期初，学校向家庭推荐亲子阅读书目；2. 父母与孩子一道协商制订亲子阅读计划；3. 按计划筹划实施一次家庭阅读茶话会，可邀请亲朋好友参加；4. 完成同读一本书后家长、孩子各自写读后感，并参加校级交流；5. 书香家庭获得者可以不经过初赛直接进入亲子阅读擂台赛决赛；6. 父母与孩子一道组成小组参赛，决出本届擂主。

八、课外阅读"七色晋级"评价

"七色晋级"级别分别为赤、橙、黄、绿、青、蓝、紫，共七级，达到相应的阅读指标即可参加阅读晋级。

晋级实施方案：1. 考级前应上交课外阅读手册，由组委会委托语文教师审核课外阅读量、读书摘录卡，达到要求的就可以参加学校的晋级考试。2. 如果阅读量达到了高一级的要求，可申请越级考试，不必逐级参加考试。3. 书目以学校推荐的书目为主，也可以根据自己的喜好，挑选自己喜爱的书籍。4. 每学期组织两次阅读考级。由学生本人向校读书考级组委会提出考级申请，然后参加统一考试。5. 通过学校的课外阅读考级，颁发相应级别的课外阅读考级证书。6. 考试形式为面试和笔试相结合，从第五级起将增加阅读速度测试。第五级学生应达到的阅读速度是每分钟阅读 600 字，第六级学生应达到的阅读速度是每分钟阅读 1000 字，第七级学生应达到的阅读速度是每分钟阅读 1200 字。7. 申请七级考试的学生必须提交一份不少于 1000 字的"名著研读报告"（或读后感）。在读后感中能较为充分地阐述自己对作品中人物、事件的独特见解。

九、课外阅读五星评价

评选阅读之星：1. 兴趣态度星；2. 习惯方法星；3. 精读积累星；4. 诵读博览星；5. 运用感悟星。

星级考核细则：

1. 兴趣态度星：热爱阅读，每次到图书馆能静下心来专心读书，并遵守图书馆一切规章制度，平均每天阅读半小时以上。（由图书管理员评价）2. 习惯方法星：除了班级规定的阅读时间，每天能自觉到图书馆阅读，利用合理的方法，读完整的书籍，需要查阅资料的，可根据自己的需要进行查阅，每月来图书馆次数不少于 15 次。（一天算一次，建立学生阅读档案，图书管理员进行检查）3. 精读积累星：会搜集整理阅读资料，认真完成《读书成长手册》的填写，特别在"读后感想""续写故事"栏目里，能体现出自己的理解和创意。（语文教研组检查）4. 诵读博览星：按学校要求，圆满完成每月所规定的古诗词背诵、国学经典诵读任务；教师把阅读激情传递给学生，使学生充满激情地完成本班级必读书目，阅读字数三四年级每月不低于 6 万字，五六年级不低于 10 万字。专题阅读中学生能够理解 5 篇文章。（语文教研组和图书管理员检查）5. 运用感悟星：勇于参加学校举办的各项读书活动，在读书活动中表现优秀，已获得班级奖和校级奖；在学校文学社不断有作品发表；平时的口语交际和写作有明显起色。

十、"双十策略"助推课外阅读课程化

课外阅读的十大主张：1. 课外阅读应从小学一年级抓起，应从入学的第一天抓起；毕业班应将课外阅读进行到底。2. 课外阅读的根本保证是尽快实现阅读课程化。3. 共读的氛围是阅读兴趣的催产素；课外阅读书籍的推荐既要满足学生兴趣又要符合学生阅读最近发展区。4. 学生阅读素养的培养不仅仅是语文教师的事，要树立大阅读、立体阅读观；要让学生继承传统文化精髓——古诗词、国学经典；要让学生读社会这本无字的书；要探索其他学科比如英语的阅读；注重阅读方式，如国学素读、课内海量阅读、课外分级阅读。5. 重视课外阅读课程、评价、监管、保障体系构建。6. 教师指导课外阅读能力与学生阅读效率呈正相关；班级读书交流会的质量，是衡量"师生共读整本书"活动成效的重要标尺。7. 阅读习惯的形成需要诱导、强化、重复练习，直至形成习惯为止；纠正一个坏的读书习惯比养成一个好的读书习惯更必要。8. 要注重书香班级——书香校园——书香家庭——书香社区链条的拓展与辐射。9. 课内外整合的主题阅读模式是解决教师从被动参与到主动参与的突破口。10. 阅读文化是学校新文化的重要组成部分。书香校园的营造，需要智慧，更需要行动！一般人不读书是习惯问题，教师不读书则是品质问题。

推行课外阅读课程化的十条措施：1. 创设读书的浓厚氛围和营造读书的软环境。2. 从抓教师读书开始，进而感染学生读书。3. 出台课外阅读实施方案，对学生六年课外阅读进行统筹规划，实施分级、分段、分层次评价。4. 举办校园读书节、开展主题活动、尝试师生同读、图书漂流、悬赏阅读、"帮弟弟妹妹读本书"等新的读书形式。5. 在调查学生期待视野与阅读兴趣的基础上，让必读书目、推荐书目、自读书目构成完整的系统，互为补充，相辅相成。6. 协调好学校规定时间与学生自读时间的关系。充实、更新图书馆存书，建设班级图书角。7. 在开设阅读指导课的基础上，开设阅读经验交流、阅读汇报课。8. 举办故事会、手抄报、散文名篇诵读、优秀读后感展示、阅读笔记展评等评比活动。9. 设立阅读考级，设立多种读书奖。如：读书综合奖——读书三学士；读书单项奖——读书面最广奖、阅读书目最多奖、读书进步奖。10. 利用寒暑假开展"我与爸爸妈妈同读一本书"的活动，并向家长发出《亲子读书倡议书》，在此基础上评选书香家庭。

书香校园"计中计"

　　读书在现在这个"信息化时代",其价值和意义非但没有被削弱,反而变得更为重要。引领学生读书,建设书香校园一直是有"教育梦"的教师和校长的追求。哪些书对于学生更有益、更适合学生,经典该怎么读?这些问题思考清楚了,做得好了,书香校园建设就会事半功倍。

　　4月23日是"世界读书日"。针对宣传"读书日",在此我们特别梳理了近些年来引领学生读书卓有成效的一些案例,这是推动师生读书、改良因应试而板结的学校教育土壤的良好契机。

　　需要说明的是,近十年来,关于读书、语文阅读教学改革的探索还有很多,比如"高效阅读实验""12岁以前的语文""语文实验室计划"等,由于理念和实践操作与所举案例基本一致,没有收录。

　　对于推动读书和书香校园建设,我们想强调深圳市新安中学吴泓老师说的一句话。吴泓的"专题研究性学习"的教改实验"挑战"了应试化的阅读方式,是语文教学常态的"回归"。但是对于吴泓的做法,质疑声不少,其中最有代表性的莫过于——"做法好是好,就是学不了"。可吴泓不这么看:"做任何事情都有难度,关键在于老师是否愿意去做,能否坚持去做。"

第一计:素读经典

　　华南师范大学附属小学语文教师陈琴,十余年进行"素读"经典的实验探索。她改变一本教材教到底的做法，将大量的经典读本引入课堂。她的学生 6 年里基本实现这个目标：背下十万字，读破百部书，写下千万句。她的学生都能熟练地背诵《弟子规》《三字经》《千字文》《大学》《中庸》《论语》《老子》《孟子》和《声律启蒙》等经典读本。6 年里，她的学生平均阅读 300 册书，优秀的孩子每年的阅读量突破 1000 万字。

什么是素读？素读是一种读书方法，即不追求对内容理解的深度和广度，只是反复有声地诵读，直到背诵得滚瓜烂熟为止。

素读要求一字一句地读清楚，读出句读的节奏来。

素读读什么？要从本民族的经典读起。尽管有不少人认为这些读本并没有多少深刻的含义，甚至还有"封建糟粕"。但是，不可否认，前人的文字也都是时代的产物，它的背后必定拖着长长的历史足迹，传递给后人的必是当时的气息。我们借此才能"上窥千古之物象，远视先民之遗风"。况且，从识字的效果考虑，这些读本是对现行教材的绝好补充。韵文和诗词，低年级段的孩子容易记诵，两年不到，就可背诵完。中年级段，选择背诵《大学》《中庸》《论语》《老子》和大量的古诗词。《论语》的部分章节不需要完全熟练，尤其是一些叙事的句子，知道大概意思，比较熟悉就行了。其他的都要求熟背。这几本书行文很美，节奏感强，只要引导得法，学生背诵并没有太大的难度。高年级段除继续背诵大量的古诗词外，还要选择背诵《孟子》《古文观止》《史记》中的精彩篇章。

现代的、国外的名家名篇也应选背。比如低年级段有大量的儿歌童谣，中高年级段有许多诗文选，像海明威的《真正的高贵》、泰戈尔的《飞鸟集》、纪伯伦的《沫与沙》以及《狄金森诗选》等。这类文字有助于拓展学生的阅读视野。

经典小说的素读也十分有益。

素读的时间哪里来？变革语文教学模式，在课堂上为素读经典留足时间。每学期至少挤出一个月的正课时间素读，加上每天的早读、午读各20分钟，按每天素读100字的量，按最低的估算，学生6年就可以熟练背诵十几万字。

素读如何做到"素"而不闷？低年级段诵读韵文或古体诗，可以设计成简单的游戏。比如：把诵读的内容和学生都分好组，学生的组号可以随时变换，交替诵读。这种方式能集中学生的注意力，也能增添集体诵读的乐趣。也可以采用递进式的推进法，学生也很喜欢。接力读，让学生注意力高度集中，并且始终处于一种比赛状态。学生诵读熟练之后，就可以采取拍手读、擂台读、击打节奏式读、歌吟式读等游戏激趣。这类游戏简单却能激发孩子的好胜心。而好胜是孩子的天性，斗智斗勇，其乐无穷，他们不会觉得累。长诗或长文就可用角色朗读的办法。格律诗和词，最好用吟诵的方式。纯文言的文体可以用"导读"法。素读后要有相应的评价，培养学生的素读情怀。

第二计：课内海量阅读

山东省潍坊市北海学校语文教师韩兴娥，一本教材在两周内教完，然后带领学生在课堂上进行"课内海量阅读"。这项从2000年开始的实验完全突破了传统的小学语文教学方法，以重组教材、大量阅读为特征，以学生主动学习为主要形式，将课内外阅读联结为一体，大幅度提升了学生的阅读兴趣与课堂教学效率。

别的老师在语文课堂上让学生反复咀嚼课本知识，她却拓展学生的知识面，以扩充知识的广度来达到巩固知识的目的，学生因遨游书海而提高了读写能力。实验中，在不增加负担的前提下，学生中年级时就学完全部小学课本，高年级时完成《中华上下五千年》《论语》《道德经》《世界五千年》等书籍的学习。"腹有诗书"的学生不但能挥笔成文，而且文章富有灵性与文采。

韩老师带领学生坚持读完一本本"厚书"，这对学生的影响极为深远。

时间关键词：课内。增加阅读量是提高学生语文能力的最有效途径。把所谓的"课外读物"引进课堂，韩老师的方法是：半个月上完教材内容，剩下的教学时间大量阅读教材外的读物。她发现，课堂上全班同读一本书效果最好，读完一本换一本。她用三个办法解决图书来源问题：一是利用电子图书在课堂上分享。二是向家长推荐图书，由家长购买。三是学校配备。

质量关键词：海量。一轮实验下来，低年级阅读量每学期近 20 万字，中高年级平均每学期达到 100 万字。这几乎是新课标规定的小学六年阅读总量的 10 倍。第二轮实验，中年级段的阅读量已远远超过第一轮的高年级段，达到每学期 160 万字的阅读量……如此海量的阅读，势必要求课堂删繁就简，课外取消烦琐的、无效重复的作业，让学生全力专注于阅读。她的实验同时实现了"增量"和"减负"两个目标，获得了语文学习的高质量。

方法关键词：阅读。实验证明，随着阅读量的成倍增加，识字问题、作文问题、理解问题等都迎刃而解了，无须另外花费气力。在课内海量阅读实验中，读好比一条船，将听、说、写载于其中，一齐驶向彼岸。这样的阅读，要点在于放手让学生自己去读。韩老师的教学很简单：先运用各种形式读书，例如听录音、自由读、开火车读等，然后直奔中心，提出问题，引导学生讨论。这样，一堂课能读两到四篇课文。其实很多文章能够有感情朗读就行了，提不提问题并不重要，更不需要做精细的讲解。

第三计：主题阅读

深圳市宝安区黄田小学原是一所村小——70％以上的学生是打工人员子弟，其余的学生是当地村民子女。学生的家庭条件较差，家长文化水平偏低，也拿不出太多的时间、精力与财力投入学生的课外阅读。面对这样的情况，该校校长刘宪华带领教师以语文教科书为基点，进行课程开发，语文课程开始了"一主两翼"的主题阅读实验，形成了新的语文课程体系。

"一主"，就是以人教版教材为主体。"两翼"，一是与教材单元主题配套的校本教材《新语文主题阅读》，每单元8篇文章；二是与教材单元主题配套的校本教材《主题式经典诵读》，每单元10首诗歌。

一主两翼的教材体系，催生了单元主题阅读教学体系。他们还研究了与之相适应的一套教学法，即"批注式阅读"和"主题式诵读"。方法是为内容和目的服务的：学《新语文主题阅读》时，主要用"批注法"；学《主题式经典诵读》时，主要用"诵读法"。"批注阅读"是以自觉为基础，以自学为主线，以思维为核心，以画、注、批为形式，以理解文本、提高自学能力为目的的一种阅读方法。主题式批注阅读，是让学生在学习语言文字的过程中，感受到主题的思想、主题的精神、主题的情感。这一过程是从形式到内容，再从内容到形式，从"文"到"道"，从"道"到"文"，从理解到吸收，从吸收到表达的思维加工过程。

刘宪华认为，对于今天的儿童而言，读什么书其实是一个比读不读书更重要的问题，儿童并不是缺少阅读，而是缺少"有主题的阅读"。

怎样进行主题阅读？就是将语文课堂教学提速，进行拓展式主题阅读。如在教学四年级下册第四单元"呼唤和平"这一主题时（14个课时），这样组织教学活动：教师以"硝烟里流泪的眼睛"为故事主题，在营造了呼唤和平的主题氛围之后，让学生自己默读课文中的《夜莺的歌声》《小英雄雨来》两篇文章，轻声读《一个中国孩子的呼声》《和我们一样享受春天》两篇文章。读后，老师以"哪篇文章、哪些段落、哪些句子、哪些词语让你痛恨战争与渴望和平"为题，讨论3个课时。

之后，让学生自读《新语文主题阅读》中对应单元里的8篇文章，继续以"痛恨战争，渴望和平"为题，进行3个课时的讨论。在前后这6

个课时里，学生从这篇文章讨论到那篇文章，从课上讨论到课下，从口语表达到书面表达，进行多种方式的互动与交流，知识、能力、情感均得到了发展。

在这个基础上，教师再用 3 个课时，和学生一起背诵岳飞的《满江红》、余光中的《乡愁》、舒婷的《祖国啊，我亲爱的祖国》3 首诗歌。之后，教师再用 4 个课时让学生用练习册自测一下是否学会了本单元的内容。最后一个课时，用于学习检测。

有丰富主题的阅读可以充分弥补儿童生活经验和写作资源的缺乏。对于少不更事的儿童来说，书籍提供了丰富的素材，有主题的阅读让儿童在潜移默化中学习写作。

第四计：专题研究性学习

从 2001 年起，深圳市新安中学的吴泓老师和学生一起开始了"网络平台，完整经典，专题阅读，读写一体"的高中语文专题研究性学习。

吴泓的教学实验共设置了 28 个学习专题，每届高一学生从《诗经》开始学习和研究，继而研究《边城》、海明威、中国当代诗歌、《论语》、屈原、莎士比亚、《雷雨》等专题。高二及以后，则有蒋廷黻的《中国近代史》、《呐喊》、《彷徨》、《苏轼文集》、《王安石文集》……3 年下来，每个学生的阅读量都不少于 150 万字。每一次专题学习之后，学生上交的习作少则 2000 多字，多则 6000 字。两年下来，每个学生的写作量都不少于 2.5 万字，有的学生一次专题习作就写 3 万多字。

吴泓突破了一学期教一本语文教科书的藩篱，精选并整合大量的与专题学习相关、观点不同、见解各异的阅读材料，组合成专题学习课程资源，重点培育学生独立思考、敢于质疑、见解独到的能力和品质。

专题的排列组合，遵循的是高中阶段学生思维发展由感悟上升到思辨的规律，教师则引导学生从思辨逐步过渡到了做研究。为了使学生学会运用语言来进行缜密而富于批判性的思考，他还会适时插入一些适合中学生语言思维发展的文章学、语法学、逻辑学内容。

专题学习主要有以下过程：

导读。目的是让学生对学习内容及过程有大致了解，对学习结果及困难有基本的预期。第一步，师生一起查阅有关资料，了解并讨论"读什么""为什么读""读有何用""按怎样的顺序读"等问题。第二步，教师精选少量对专题、人物及作品的评论，和学生一起阅读，把学生引入专题内容的世界。同时，学生在教师的帮助下，明确专题之间的内在思想与情感逻辑。

奠基拓展。第一步，泛读概述。学生在教师提示下，浏览作者的生平事迹及作品。第二步，精读原作。学生或诵读，或细读，或按原著顺序整本读，或选择代表篇目重点读。第三步，上网研读。学生选择与专题有关的具有思维挑战性的论述类文章进行研读。

再读深解。这一阶段，学生思维、思想的发展有快有慢，或深或浅，时而表现为前进，时而表现为停滞，方向和路径也有所不同。这时，教师的教就显得个性化十足。吴泓在对学生学习状况观察、判断以及学习节奏把握的基础上，为学生制订出大致的学习步骤：或再读原作，精进思考；或由教师深解原作，对原有的思考或结论产生新的质疑；或学生再读论述类文章，比较不同作者、不同文章立论的逻辑起点和论证的思维路径。

选题写作。在确定各自的研究方向之后，学生要围绕方向去阅读、收集、整理材料，并从材料中归纳、概括出研究报告的标题，再围绕标题去筛选、组织材料，最后构思成文。在这一阶段，吴泓既"耐得住""等得起"，又有所作为，包括指导学生定向、上选题研讨课、对学生进行"一对一"指导等。

深度体验。一旦条件允许，时机成熟，吴泓和学生每学期还会举办与专题阅读相关的辩论会、朗诵会、课本剧表演等，这是专题学习最华美的乐章，也是学生最期待的事情。

第五计：新教育儿童阶梯阅读

"毛虫与蝴蝶——儿童阶梯性阅读"是新教育研究中心 2006 年开发的阅读研究项目，主要任务是帮助实验学校解决"营造书香校园"中面临的不同阶段的儿童读什么、怎么读等现实问题。

新教育实验开发出了一个名为"晨诵，午读，暮省"的儿童系列课程，被视为一种古典式的儿童生活方式的回归。

晨诵，是一个结合了古典诗词、儿歌与儿童诗的晨间诵诗的复合课程。午读，代表的是整个儿童阶段与学校教学相渗透但目标不直接指向学科教学的阅读。其核心内容是阅读童书。暮省，借着晨诵的语言，借着图画书的语言，借着经典故事的语言，察看自己当下的生活，感受生活的点点滴滴，用日记记录成长。亲子之间、师生之间用词语相互激励、抚慰，成了新教育实验重要的组成部分以及日常的生活方式。学生的随笔也逐渐地丰富为心灵独白（私密日记）、相互倾诉（共写日记）、观察日记、班级共议日记、童话文学创作等多种形式。低年级段儿童的写作需要父母的配合，采取绘画与文字相结合的方式。

晨诵、午读、暮省，既是对学科课程的补充，也是对过早精细化的学科课程进行的矫正。新教育实验倡导"过一种幸福完整的教育生活"，这种教育生活方式是该理念的完整体现。

儿童阶梯阅读研究，是为每一个儿童寻找到其此时此刻最适合的童书。在儿童成长的每一个时刻，一定有这一时刻最适合的一本童书。这些精心挑选的书籍，将在动听的故事中，告诉学生和平、尊重、爱心、宽容、乐观、责任、合作、谦虚、诚实、朴素、自由、团结、专注、想象、宁静、勇气、敬畏、热忱、虔诚、感恩、纪律、反思……这些美好的东西，呵护孩子在漫长的旅途中保持着纯真、快乐与勇气。

该实验认同以下理念：一个人的阅读史，就是一个人的精神发育史；

共读，就是拥有共同的语言密码；以优秀的儿童读物传播人类文明、普世价值以及中华民族的优秀文化特质。

第六计：亲近母语

"亲近母语"课题实验领导者徐冬梅认为，母语是一个民族的文化载体，也是一个民族的思想载体。该实验以"亲近母语，呵护童年"为理念，以"倡导儿童阅读，促进母语教育，营造精神家园"为宗旨，致力于促进儿童亲近母语，促进母语教育更契合儿童生命发展的需要，使儿童在阅读过程中接受母语教育，不断寻找自我、确立自我、丰富自我，走上幸福坚定的人生之路。

他们的研究认为，母语教育存在的诸多问题，其根本在于忽视儿童的母语学习心理和生命体验，要改变这一切必须要让母语教育契合儿童生命成长的需要，关注儿童的语言发展和精神发展的关系。

亲近母语实验的教育内容以儿童文学（童谣、童诗、图画书、民间故事、童话、儿童小说等）为主，也包括适合儿童学习的古今中外优秀的文学作品和文化资源，如神话传说、古典诗词、简单的文言文等。

建立从儿童出发，促进儿童精神成长与语言能力和谐发展的阅读课程体系，是亲近母语实验十几年来重点探索的内容。

课程内容是构建课程的关键。亲近母语实验研究将阅读课程分为诵读、精读（主要是指小学语文教材的教学，也包括教材之外特别适合儿童精读的文本）、略读和浏览四个层面，并积极探索儿童阅读课程和小学语文教学的结合。其中，亲近母语"十一五"课题研究的重点放在诵读和略读课程上。

儿童诵读：日有所诵，叩启儿童天赋之门。该研究认为，诵读的意义在于：它是一种阅读形式，帮助儿童将书面语言转化为口头语言，更易于儿童理解和记忆；它是一种阅读能力，帮助儿童积累高级语言，培养良好语感；它是一种生命活动，帮助儿童提高注意力，培养定力和静气，开启儿童智慧；它是一种精神仪式，帮助儿童形成生命的节奏。

课题组编写有诵读教材——《日有所诵》（徐冬梅、薛瑞萍、邱凤莲主编）。从小学一年级到六年级，童谣、童诗、浅易的五言诗、"声律"、"对韵"、七言诗、中国现代诗歌、外国诗歌、宋词、外国散文、中国现代散文、中国古代散文……沿着这样的序列，缓坡而上，让孩子们在日有所诵中开启天赋之门。如今，超过 300 万的儿童在教师和父母的带领下日有所诵，对提高儿童的语文能力和母语素养起到了很好的作用。

整本书的阅读：讲述、大声读和班级读书会。用班级读书会的形式开展整本书阅读，是亲近母语实验的又一个重点。

课题组经过研究，把图画书和儿童文学以及适合儿童阅读的历史、地理、科学读物确定为略读课程的主要内容，并以儿童文学阅读为主体。

图画书是图与文的合奏，优秀的图画书都具有诗和美的特征，是儿童早期阅读最合适的书籍。

整本儿童文学作品进入小学语文课程体系具有特殊的价值和意义。根据多年的探索经验，他们开出了基本的儿童阅读推荐书目和有针对性的阅读书目。

他们建议教师每天坚持用 10 到 15 分钟的时间给学生大声朗读优秀的儿童文学作品，朗读的时间是相对固定的，一般安排在中午或者放学前。这样每天到了这个时间段，学生就有了一个美好的期待。

低年级特别适合用"大声读"的方法，中高年级学生也需要老师经常为他们大声读，特别是那些有一定难度的阅读文本。

随着学生的识字量渐渐增多，需要逐渐让学生开始独立阅读。从一年级下学期开始，学校就鼓励学生进行自主阅读，教师则向学生推荐各类儿童读物，而且一个学期有一两次"共读一本书"的阅读活动，这就是班级读书会。

第七计：《新语文读本》

《新语文读本》是由著名学者钱理群、王尚文、曹文轩等主编的一套语文读本。这套读本共分小学卷12本、初中卷6本、高中卷6本。这套书以新的教育理念、新的选文眼光和阅读方式来提高学生运用语文的基本能力，开拓精神空间，促进学生个体生命的健全发展。

全国中语会阅读推广中心主任孟素琴的语文扩大阅读实践研究，非常关注农村中小学生的阅读状况。考虑到农村中小学的实际情况，孟素琴特别选定的阅读资源就是《新语文读本》。孟老师认为："仅有的一杯水，把它喷在（植物）面上，只能暂时光鲜好看，但把它浇到根上，便能维系成长。"钱理群则说，要把最美好的精神食粮给农村的孩子——哪怕你在最偏远的山区，只要得到一本好书，马上就和最广阔的世界连接起来。

（本文作者：吴松超）

家长会还可这样开

家长会，是密切家校关系的纽带，是实现家庭、学校共同育人的途径。然而，当下不少中小学的家长会已严重异化。例如，将家长会开成了"告状会"，将家长会开成了"批斗会"，将家长会开成了"招生宣传会"，将家长会开成了"表演作秀会"等等。那么，家长会到底该怎样开，才能产生更好的效果呢？下面提几种建议：

1. 培训式家长会。每学年之初，各个学校都要对新生进行入学教育。同样，学生家长也需要相应的教育。让家长了解新学校对孩子有什么要求，新学校采用什么管理模式与教育教学方法，新学校的师资、办学条件怎么样……家长有必要全面地了解，以便配合学校做好新生的转轨、接轨与上轨工作。因此，学校可举行新生家长会，做好家校沟通，从而帮助孩子迅速适应新环境，融入"新家庭"。

2. 摸底式家长会。为了全面了解孩子的基本情况，学校可按年级、班级或小组，召开小规模的学生家长会。让家长与班主任、任课教师交流孩子的性格、学习的基础、兴趣、特长、爱好、生活习惯等等，以便增进对学生的了解。同时，发放学生基本情况登记表，将家长姓名、家庭住址、联系方式、接送地址等信息进行采集建档。尤其是孩子是否有特殊疾病，班主任、任课教师与学校必须了如指掌，以便平时给予特别关照。班主任甚至还要了解家庭教育是以谁为主，便于今后有效沟通。

3. 预约式家长会。班主任或任课教师,每天(每周)预约 3～5 名学生家长到校进行单独沟通。这种做法的好处是:一方面,范围小、面对面、零距离,便于深层交流;另一方面,家长可根据自己的实际情况,调整预约时间,极大地方便了有工作的家长。此外,班主任、任课教师约家长单个面谈,家长会感觉到学校、班级、老师对自己孩子的重视,因而他们会非常高兴地接受邀约,也会更加配合学校工作。

4. 超市式家长会。家长会往往因为容量大时间短而显得仓促,如何克服这一弊端?可组织超市式家长会。即学校可安排家庭教育专家报告会、家庭教育咨询会、家校班级沟通会、亲子趣味运动会、学生特长展示会、亲子读书擂台赛、特聘家长社会知识报告会等系列报告会(或称组合式报告会),家长与孩子像超市选购一样,可以自主选择感兴趣的主题模块参加。这样,既扩大了家长会的内涵,又为家长提供了自主选择的空间;同时,超市式的家长会改变了家长会内容单一、时间紧的现状,让家长会变得丰富多彩,不再仓促。

5. 辩论式家长会。围绕学生、家长、学校共同关注的一些热点、焦点问题,采用辩论赛的形式,设置正方、反方,让家长、学生或学生与家校,又或家校之间开展辩论,并由专家导评。灯不拨不亮,理不辩不明。这种辩论赛式的家长会,热烈火爆,寓教于"辩",新鲜刺激,既能起到锻炼学生、家长、老师口头表达等多种能力,又能展示团队与个人的风采。

6. 体验式家长会。我们通常说理解孩子,但这种理解往往是口头上的。孩子在校的生活到底怎么样?做父母的很少有过亲自的体验。不妨让家长与孩子一起在学校里生活一天,他们就会感受到学生生活真实况味。

7. 观摩式家长会。许多学校在进行课堂教学改革之初,家长不接纳、不认同、不理解、不支持,甚至认为课改是拿自己的孩子当"小白鼠"做实验。解决家长思想疑虑的最好办法就是让家长参与课堂观摩，当他们看到新的课堂模式、新的教学方法并没有使教学效率下降，反而极大地激发了孩子学习的积极性、培养了他们的学习品质、提升了他们的学习力时，家长们便会自然而然地接纳新课改。

8. 探究式家长会。首先，出示家长感兴趣的 3～5 个教育问题，然后采取分组讨论、展示、评价等新课堂的学习方式，让家长合作探究，共同学习，共同成长。这种家长会，让家长成为主体、主人、主角，能激发其主观能动性与创造性；同时，将家长组合成不同的学习共同体，有利于家长之间、家庭之间建立密切的联系和友谊。

9. 感恩式家长会。利用中秋节、母亲节、父亲节等节日，让孩子表达对父母养育之恩的感激之情。例如，孩子做三件事：一封写给父母的感恩信；利用自己勤工俭学挣到的钱或压岁钱为父母买一件小礼品；在班上分享自己平时孝敬父母的好行为等。现场感恩体验游戏：先让父母帮助蒙着眼睛的孩子上下楼梯，再让孩子帮助父母上下楼梯，通过对比前后差异，让孩子体验父母发自内心的无微不至的爱。最后，让家长以"孩子，爸（妈）想对你说"发表与会感言。

10. 游学式家长会。利用节假日，学校组织，让学生与家长自由组团外出参观考察。这样，家长们既开了眼界，又能相互交流教子经验。学校也在快乐的旅程中对家长进行了有效的培训。

11. 亲子活动展示式家长会。以学生与父母三人组合形式，开展亲子读书、健身、才艺展示、晒幸福等家庭活动。可层层选拔，期中预赛，年终决赛。这种学生家庭之间的展示与 PK，本身就是一种别开生面的、相互学习的家长会。

开学典礼创意和策划三样本

样本一：实新学校 2014—2015 学期开学典礼创意和策划

开学典礼共分四个篇章：

第一篇章：发放《好友周手册》及找朋友启动仪式

1. 找神秘的朋友：以放飞自己折叠的彩色飞机确定谁是自己神秘的新朋友（结对）。

目的：一是对假期科学实践作业进行检查，二是增加活动的神秘性、趣味性。

2. 好友周安排：星期一——访问日；星期二——游戏日；星期三——分享日；星期四——写信日；星期五——礼物日；星期六——约定日。

3. 物品准备：好友周手册、现场播放《找朋友》光盘。

第二篇章：新学期新闻发布会——公布五大主题活动方案

1. 电动遥控飞机在会场飞行，每飞行一周，丢下一个印有活动名称的彩旗。现场分配活动方案负责人，布置新学期活动组织任务。

2. 物品准备：电动飞机、彩旗。

第三篇章：新起点新征程

主要安排两大活动：

活动一：游园寻彩球中大奖活动。彩球里分别有特等奖、一等奖、二等奖、三等奖纸条,分别藏在学校各个区域。学生先按要求说一件假期做的善事,然后持卡兑奖。特等奖为担任开学第一次升旗典礼升旗手,同时可邀自己最要好朋友及本次结识新朋友为护旗手。

活动二:砸彩蛋班级有好礼活动

各级派代表参加竞答新学期必知必会闯关题后,获得砸彩蛋资格,赢得班级生活用品。

第四篇章:校园阅读推广大使颁奖及亲子阅读、才艺总决赛

1. 为创设书香校园、书香班级、书香家庭的十大阅读推广大使颁奖。

2. 检阅假期亲子阅读及家庭艺术素养提升工程效果。

样本二:天元中学开学典礼——人生第一课

虞城县天元中学举行的独具特色的开学典礼,给学生上了感受深刻的人生一课。

开学典礼分两个篇章,上篇是"励志体验",下篇是"放飞梦想"。

首先进行的是"励志体验"篇。

主题活动之一:远足行动。学生以班为单位,高举校旗和班旗,每人负重5公斤进行10公里远足竞赛,集体到达终点用时最少者为优胜班级。途中分段标示远足已经完成的路程。

目的之一:培养学生对阶段目标和总体目标的理解和认识,只有努力完成每一个阶段目标,才能圆满完成总体目标。

目的之二:培养学生对起点、终点和过程的感悟。有的班级起点速度很快,途中却慢了下来,最终输在了终点;有的班级起点速度虽慢,途中不断加速,最终赢在终点。学生深刻感悟到起点的快慢并不能决定最终的成功与失败,关键是过程中的努力与坚持。

目的之三:锻炼了学生挑战极限、挑战自我、永不放弃的精神、勇

气，并挖掘其潜力、释放其潜能。

目的之四：培养学生集体主义观念和互帮互助的精神。

主题活动之二：假期创新作业展示。学生将寒假中完成的作业——创新小实践进行展示。

目的之一：培养学生的创新能力、动手能力和实践能力。

目的之二：培养学生学以致用，体验知识改变生活的快乐。

目的之三：让学生认识到智慧是无限的，创造是无穷的，一个问题的解决可用多种方式。

主题活动之三：星光大道。表彰上学期评选出的感动天元中学之星，让获得成功和取得进步的学生体验到努力之后的快乐。

主题活动之四：观看感动中国人物颁奖典礼。

通过观看，让学生学习感动中国人物的事迹，学习他们的情操，学习他们心底深藏的那份对故土的无限热恋和对生命深层次的认识和追求，使学生的情感和认识有一个新的升华。让有关爱、有关善、有关坚持、有关信念、有关梦想和志向的话题在学生们心中传递和延续。

然后进行下篇"放飞梦想"。

主题活动之一：谜语大比拼。操场的四周悬挂着红红的灯笼，灯笼旁是五颜六色的纸条，上面写着不同内容的谜面。主持人一声令下，同学们开始竞猜谜语。猜中谜底最多的学生当选"猜谜小行家"，猜中谜底最多的班级当选主题活动优胜班级。

谜语大比拼开阔了学生的视野，丰富了学生的知识，开动了学生的脑筋，也调动了学生参与学校活动的积极性和为班级争先的荣誉心。

主题活动之二：篝火联欢。同学们在操场上以班为单位点燃篝火。围拢熊熊燃烧的篝火，同学们放开歌喉，舒展舞姿，载歌载舞，尽情联欢。之后，班级之间展开拉歌比赛，歌声此起彼伏，唱出学生们的激情和昂扬。

篝火联欢上的自我展示和班级展示活动，陶冶了学生们的情操，张扬了学生的个性，释放了学生的激情，增强了班级凝聚力和同学们的自豪感。

主题活动之三：放飞梦想。活动开始，学生们以班为单位，将写有学生个人和班级梦想的云灯点燃，在绚丽的礼花绽放中，在激荡人心的《超越梦想》歌曲里，一齐放飞。

此时此刻活动达到高潮。云灯载着同学们的梦想在纵情欢呼中冉冉升起，启程远航；礼花擂着新学期的征鼓在激情歌唱中隆隆炸响，漫天绽放；同学们伴着《超越梦想》满怀希望和憧憬，尽享幸福和快乐！

天元中学独具特色的开学典礼，历练了学生挑战困难的意志和奋发向上的品质，使学生体验到了生活和创造的快乐，给学生上了人生难忘的一课。

样本三：实新学校"非常 6＋1"开学典礼的创意和策划

设计理念：本着渗透"崇尚人文、信奉科学"的设计意图，本次开学典礼特意增加了科技成分；同时还将"抢红包、最强大脑、非常 6＋1"等时尚元素引入开学典礼，旨在增加开学典礼趣味性。

活动创意：

1. 我向老师、同学讨要红包

开学第一天学生可以向你崇拜的领导、班主任、任课教师、同学讨要一个红包——新学期美好祝语（赠言）及个性化奖励。典礼现场抽取新学期年级幸运学生，每年级十名，展示自己获得红包、分享自己新学期目标。

2. 年俗文化回味体验

一二年级观看、体验棉花糖制作；

三四年级观看、体验糖稀捏小动物制作；

五六年级观看、体验冰糖葫芦制作；

全体学生观看唢呐、腰鼓、踩高桥、划旱船表演。

3. 第三届校园吉尼斯十项纪录挑战擂台赛决赛

项目有：摸高、跳绳、仰卧起坐、伏卧撑、踢毽子、立定跳远、背诵古诗词、阅读速度、快速记忆、口算。

4. 读书节、科技节、艺术节、体育节新闻发布会

竞聘策划方案及重点展示年假小制作项目：纸飞机比赛；遥控飞机、汽车比赛；竹筒射水比赛。获胜者接受采访（解释原理、技巧），授予科学小达人称号。

文学院、艺术院、科学院"新院士"授奖仪式及资金资助项目启动仪式。

5. 学生投票选出的十大好玩选修课程、十大好玩课间活动颁奖

6. 发布"改正不良习惯公示"

教师、同学、家长三方见证"改正不良习惯公示"。

7. 启动新学期新活动

"非常 6＋1"的 1 指的是"学习雷锋见行动——我是小天使"行动。

以班为单位，每位学生把签上自己名字小纸条投入小纸盒。学生依次从纸盒里抽出一个小纸条（如果抽到自己重抽），抽到的名字就是自己的"上帝"——服务对象。抽纸条人必须保证只有自己知道纸条内容。在接下来一个月内，作为天使同学，要力所能及为自己上帝服务、提供帮助（做好事），但一定不能让他知道是谁做的；三月底，在主题班会上公布天使与上帝对应名单，并分享体验与感悟。

散学典礼的一个参考样本

——封丘实新学校 2014 寒假散学典礼

一、迎新年，逛校园读书超市

学校依据专家推荐书目提前团购适合亲子阅读的图书，在散学典礼前后，鼓励家长与孩子一道逛图书超市，为学生选新年精神礼物——图书。

另外，学校也开设有供旧书交换的跳蚤市场。学生可以互换已经看过的图书。

开设图书超市和跳蚤市场，既因团购购书形式帮家长节省了资金，又节约了家长的时间，避免了购书来回奔波的劳累，还营造了一个浓厚购书氛围，同时锻炼了孩子的交际能力。

二、神秘的信封

借鉴北京亦庄实验小学的创意，实新学校低年级每一个孩子都收到了一个神秘信封。一时间，孩子们都迫不及待地打开自己的信件。

亲爱的××：

这是一封来自火星的能量秘籍，如果你按照上面的要求去做，下个学期你将会成为向日葵班的能量小超人。你的能量密码是……（各不相同的暑期作业）你向总部的汇报时间是……（上交日期）记住：这是你的秘密，一定要准时完成！

火星上的来客

看完信件，孩子们的眼神充满新奇和兴奋。

学校大胆地根据孩子的差异布置了个性化作业！一项孩子喜欢的作业，孩子不仅愿意主动完成，而且能够增强自信，并带来完成其他作业的兴趣和动力。

三、颁发年度好习惯结业证书

学校在学年初，就提出了"日行一善，周明一理，月养一习"的道德长跑活动，同时倡导"校园日行一善的100件行为"，制订了"学生要养成的习惯"系列计划并分解到每学期。每学年度颁发结业证书，六年后凭结业证书换发好习惯毕业证书。

四、为优秀校园小义工、大型活动志愿者颁发荣誉证书

以学校最高礼仪为评选出的优秀校园小义工、大型活动志愿者颁发荣誉证书及奖励。

五、"做孩子成长的共同护航人"签约仪式

学校向全体与会家长发出"做孩子成长的共同护航人"倡议，并郑重举行签字仪式。

六、鼓励学生，"我能行"从散学回家开始

学校在散学典礼上向每个少先队员提出如下要求：散学回家，我的书包自己提，我的物品自己拿，决不麻烦家长，我长大了，我能行！

于是，在孩子回家路上可以看到一道靓丽的风景：孩子自己提着书包、拿着物品在前走，爷爷奶奶或爸爸妈妈开心空着手紧随着。

做孩子成长的共同护航人

为了加强家校沟通，同时为家长提供更科学的家教理念，实新学校以签约的形式向学生家长提出倡议。倡议内容如下：

成长的道路永远在施工，从孩子迈进校园的那一刻，请您担起护航之责；当孩子登上实新的这辆成长的动车，请您遵守我们共同的约定！

1. 走进实新这个大"家"，自由、民主、平等、和谐、尊重是校园的精神，杜绝训斥、打骂，让成长在安全的环境中生根发芽、盛开繁花。

2. 错误是人生中必然迈出的一步，或深或浅都是成长的足迹。我们可以尽量避免孩子的错误，但绝不能野蛮地掠夺孩子成长的机会。你的态度将决定孩子以后是否能够勇敢地迈出探索的步伐。

3. 用心关注孩子的状态，用大爱引航。不看信号就采取行动，只能是错误的开始。

4. 孩子是梦想振翅高飞的雏鹰，牢笼里无法起跑。停止控制，停止一味地看好系牢，请用你我的手掀掉压在孩子头上的那个叫作控制的石头，让"小精灵"插上天使的翅膀展翅飞翔。

5. 孩子们的生活不是我们童年生活的复制，孩子也不仅是未来的大人，每个年龄段都有其独立价值。未成年人和成年人是社会的两个元素，各有各的轨道，作为成年人的你我，请不要逆着规律强行占道，侵犯未成年人的权利，让他们自由表达、自由参与……他们有权按照自己的方式去学习、去成长。因此，要发自内心地接纳孩子。

6. 记得在孩子成长的重要路口给孩子以导航，因为，方向比努力更重要。

7. 不要总是高举红色禁止牌，多给孩子发放绿色通行证，让孩子去经历，让孩子去爱好，让孩子去疼痛，让孩子去快乐，让孩子去奔跑嬉戏，让孩子"随意"些。遵循规律，不要以爱的名义扼杀孩子的童真、童趣、童梦，因为，他们是未来世界的"希望"。

8. 赏识、赞美与激励，永远是孩子前进的动力和润滑剂，不要忽视孩子点滴的进步和努力，不要吝啬赞美的语句，要用爱为他加油打气。因为，你我知道，教育就是不断地拉长成长的无限可能。

期末颁奖的创意和策划

　　每个学期（学年）结束，绝大多数中小学都要对本学期（学年）的工作进行回顾总结，其中一项重要的内容就是奖励先进集体与个人，以期起到激励先进、带动后进、引领风尚、推动工作的作用。然而，传统的颁奖，无非是发给学生一张奖状，或者发一个光荣册（一张光荣榜），事实上，这种多年一贯的颁奖形式已经让学生不感兴趣。那么，可否创造一些新的颁奖方式，让激励发挥应有的功效呢？

　　一、奖励申报制

　　学校列出每学期（学年）设定的奖励项目，并具体说明获奖的标准（条件），而后由全校学生自主申报奖项，并陈述申报的资格与理由。学生争取获奖的过程，成为争先创优的过程。期末（年终），学校组织专门人员，按照获奖条件对申报者进行综合考核。达到考核标准者，授予荣誉称号，予以表彰奖励。奖励申报制的好处在于变传统的结果性表彰为过程性争创，使"申报——争创——考核——表彰"成为一个完整的争先创优的链条。

　　二、颁奖仪式由学生提供创意

　　传统的颁奖仪式大都是学校安排的，流程一般是：宣布表彰决定与获奖者名单——学校领导为获奖者颁奖——获奖代表表态发言——领导讲话勉励。这种方式最大的弊端是获奖者失语——没有让获奖者本人主动参与到这一荣耀、隆重的颁奖典礼中来，而只是"被表彰""被奖励"。颁奖环节其实可以让获奖者更多地参与。例如下面的颁奖创意：

1. 颁奖典礼的流程可由学生自主创意。

2. 颁奖人由获奖学生自主确定。可以是校长、班主任、任课老师，也可以是爸爸、妈妈、同学、好朋友，还可以是获奖者心仪的明星、社会贤达等等。这样做的原因是，颁奖不是学校领导的专利，获奖学生完全可以自主选择为自己颁奖的人。这样不仅增加了颁奖的附加值，而且增添了典礼的新鲜感，更重要的是让学生为自己的颁奖典礼做主，这也是一种很好的自我教育。

3. 颁奖仪式结束，可让学校小记者采访获奖学生，让他们发表获奖感言；也可采访班主任、任课教师与同学，还可电话采访获奖者家长，让他们谈获奖者的优秀表现，让获奖者真正体会到做一名优秀学生（模范干部）的光荣，同时也让更多的同学受到教育。

三、给获奖者的奖励

1. 学校确定奖品数额后，可允许获奖者自选喜欢的奖品。传统意义的奖品，大多是文具盒、钢笔、笔记本、书籍等，学生并不感兴趣。为什么不可以让学生自由选择奖品呢？他们喜欢的，才更有价值。

2. 用荣誉证书、纪念章、奖杯以及印有获奖者"明星照"的挂历等来取代奖状。现代家庭房屋装修一般都比较规范，把奖状张贴在墙上，显得与房屋装修风格不协调，况且有些孩子也不愿将荣誉贴在墙上炫耀，而证书、纪念章类的奖品，制作精美，便于保存。给学生的奖品也应当与时俱进。

3. 把颁奖典礼制成 VCD 光盘，送给每个获奖学生以作纪念，这也是一种有特殊意义的奖品。

4. 在校园设立灯箱，将获奖者的先进事迹、生活照片、信奉格言等通过灯箱进行展示。一方面对获奖者是一种激励与鞭策，另一方面也以身边的榜样激励其他学生。

5. 对于优秀班干部、团干部、校学生会干部等，也可将校旗、校徽、校吉祥物、校歌、班旗等具有学校或班级文化标识的物品，作为奖品奖给他们，特别具有珍藏价值与纪念意义。

6. 没有获奖的同学，可以申请"借奖状"，先领奖，后将不达标的方面补救起来。达标后，经学校审核符合获奖标准，给予认定，这也是奖状功效的另类发挥。

7. 奖品不见得都由学校统一购买，也可由学生向社会联系赞助，这是锻炼学生社会公关能力的一次绝好机会。

让 "六一" 为孩子储存一生的美好

一年一度的六一节，是孩子们渴盼的节日。然而，许多学校的六一节沿袭表演、表彰、讲话的老套路，从主题到内容，从内容到形式，缺乏创意与策划，让孩子感到无味与失望。

一、六一节，说爱你真的不容易

下面这一幕幕有你们学校的影子吗？

场景一：集结一批有文艺特长的孩子，牺牲自由支配时间甚至是节假日休息时间，提前一两个月反复排练一台精彩的文艺节目，六一时，邀请领导、家长到校观看……

场景二：举办庆六一表彰大会，邀请领导出席，上级领导用儿童听不懂的成人语言发表讲话，学校领导为优秀少先队员颁奖……

场景三：六一儿童节这一天，有的家长带着孩子疯狂购物，有的海吃一顿，有的无节制彻夜娱乐，有的甚至满足孩子不合理要求……

针对以上司空见惯的庆祝六一儿童节的做法，校长、教师与家长们需要思考以下问题：六一儿童节到底是谁的节日？是大人们为孩子们过节，还是孩子们为大人过节？是全体儿童的节日，还是特长儿童、优秀儿童的节日？节日礼品是关注物质需求，还是关注精神生长？节日活动是老套随意、十年一贯，还是精心策划、富有创意？六一节能给孩子童年留下快乐、美好、难忘的记忆吗？

二、六一节，好创意自然有趣

方案一：献礼日

全体教职工与家长一道彩排一台文艺晚会，作为特殊的节日礼物，六一节让全体学生观赏。同时，邀请学生作节目评委，让学生为教师、家长颁奖。

方案二：读书日

学校提供一批适合1～6年级孩子阅读的绘本、童话故事、人物传记等图书，让家长与孩子选购；并同孩子一起阅读，一同参加班级阅读交流会；开展"一盏小台灯、一张小书桌、一个小书柜、20本图书"家庭小书房或小书角达标验收活动；也可邀请儿童作家到学校开展面对面交流。

方案三：维权日

针对小学生权利保障公约条款及相关保护青少年法规，让六一节这一天成为儿童的维权日。

通过微课程形式，让儿童人人明白自己有如下权利：不可剥夺或不可侵犯尊严；隐私的权利；按作息时间表休息、游戏、娱乐、玩耍的权利；对学校或教师给予的处分提出申诉的权利；要求合理的、合适的课业的权利；得到教师辅导学业、指导品行的权利。

学校接受学生个人及团体的投诉，对危害学生权利事件集中给予曝光并依照规定给予处理。

方案四：反思日

这一天要成为教师、家长、学校以及社会团体的反思日。反思自己在本年度维护儿童权利方面做错的地方、遗憾的地方甚至需要向孩子道歉的地方。在此基础上教师、家长签订《维护儿童在校合法权利公约》《维护儿童在家合发权利承诺书》，同时引导家长遵守《新父母规》。

方案五：圆梦日

学校可设立圆满基金，选聘教师、家长及社会有识之士，担任圆梦大使，在节日这一天满足孩子一个心愿，帮助他们实现梦想。比如做一天中队长，与校长共进午餐，完成一个科学实验，去看望在外地打工父母等。

方案六：才艺日

只要孩子认为自己在学习、生活、游戏、体育、艺术等方面有特长、才艺、绝技等，皆可申报并挑战校园吉尼斯，挑战成功，学校颁发证书与奖励。

方案七：游学日

依据校情、学情及学生发展的需要，选择合适的游学区，让学生走出校园，走进自然，走向社会，丰富孩子的童年经历，去体验感悟自然与社会这本无字的书。

方案八：运动日

以小组为单位，选择全员参与的项目，组织趣味运动会，培养学生合作意识与团队精神。

方案九：同桌日

让学生写同桌帮助过的 10 件事，再写自己对不起同桌或请求谅解的 3 件事，互相交换所写内容，并在班级分享感悟，以此增加同学之间的相互理解与感情。

方案十：赏识日

以小组为单位，每人发现、挖掘各位组员的 10 个优点；再依次轮流大声念给同学们听；最后收集起来，工整地写在彩色卡上，作为节日礼物送给对应的同学。

方案十一：体验日

以个人或小组为单位走向社会，自己想办法通过自己劳动赚取一顿午饭，或带上家长，赚取两个人的午饭，回校后谈体验感悟。

方案十二：野炊日

以小组为单位，用智力闯关的形式获取野炊用具及做饭用的食材及调料。比如给参照物、方位角、距离等，要求寻找物品。甚至还可让学生用科学的方法取火等，旨在把所用知识运用到实际生活中，培养孩子动手能力和实践能力。

方案十三：参观日

组织学生参观纪念馆、博物馆、科学馆，开阔学生视野。

以上 13 个主题活动，可以选一种安排在六一当天进行，也可以任意排列组合，有计划地组成"六一"主题周活动，或主题课程模块，让六一儿童节从单一活动走向内涵丰富的节日系列课程。

三、六一节，用智慧赋予新意义

传统的演出、表演、开会式的庆祝六一的方式，已经吸引不了孩子们的兴趣，因此，六一节的庆祝活动，也要与时俱进，不断创新。变"六一儿童节"为"六一主题活动周"；变少数孩子节日为全体儿童的节日；让孩子真正成为节日的主人，让家长、教师为学生服务；从关注孩子物质需求走向关注孩子精神成长；让儿童节成为孩子权利日，成人反思日；让儿童节成为儿童的购书日、亲子阅读日；让儿童节成为儿童创意日、圆梦日……当我们用智慧创新了活动的主题、内容与形式，六一节就成了孩子们向往与最爱的节日，并为他们一生储存美好的回忆！

教师节活动创意和策划

创意活动之一：贺卡创意奖、最佳祝福语奖、最受学生欢迎的教师奖（收贺卡最多）

让学生自己创意设计制作教师节贺卡，自己构思创编送给教师的祝福语，并将自己精心制作的贺卡送给自己最敬重一位老师。学校评选十佳手工贺卡创意奖；十佳年度祝福语奖；十佳最受学生喜爱老师（收贺卡校级前十名教师）。

创意活动之二：征集教师口头禅

学校提前一周发出倡议——以班（年级）为单位征集科任老师的口头禅，以能体现该教师的特色为标准。要求孩子们以各位老师的口头禅为中心展开讨论：老师为什么会有这样的口头禅？引导学生从以下两个方面思考：老师在什么情况下会说这样的话？这些口头禅的背后隐藏着怎样的教育意义？

将口头禅升华成理论，而且是由学生自己讨论得到，其过程本身就具有教育意义，不但能帮助孩子们认识科任老师们的良苦用心，增进师生情感交流，还能在老师们的口头禅中找到各学科的学习方法，形成学习品质。更重要的是，如此大费周章地为老师们的口头禅添油加醋，上升为具有教育意义的论点，再由学生反馈给各位科任老师，也让老师获得认同感和满足感。

接下来就让孩子们考虑如何把这些"正能量"同样传递给每一位老师。可以拍摄老师讲课或者给同学们答疑的照片，制作成了贺卡，写上各自特色，在教师节的那天隆重地送给科任老师。幸福的能量在师生之间和谐传递。

创意活动之三：教师推荐图书漂流起航

图书漂流指的是教师节当天，全校教师将自己读过的并认为最有价值的一本书，在扉页上写上推荐理由，赠送给自己班级里的一名读书爱好者，学生阅读后写上读后感，让这本书继续漂流下去。期末评选最佳推荐图书教师及优秀读后感撰写者。

创意活动之四：教师节前后与教师深度对话

教师节前后学校主要领导要分工与全校教师进行一次深度对话。与教师深度对话六步骤：（1）明确目的，暖场。说明会谈目的、步骤与时间。（2）员工自评。让教师自己谈上期工作的总体感受，谈成绩收获，谈不足。（3）领导评价。领导借助数据事实进行业绩评价、能力评价。先说成绩后说不足，不足的要举事例。（4）讨论与确认评价结果。（5）针对不足，协商制定下学期切实可行的改善计划，就能力提升达成共识。（6）协商制定本期工作目标，并确定教育教学工作的指标与权重，学校做好资源承诺及能提供的其他服务保障平台。

深度对话的价值：（1）便于年度考核结果让教师心悦诚服接受。（2）帮助教师制定职业发展规划。（3）利于教师自我反思、自我定位、自我定标、自我成长。

创意活动之五："我为同事工作点个赞——背后说好话"活动

教师的年度工作评价常常出现四种态度：某项工作本人及同事都认为做得好；某项工作本人认为自己做得好，但同事不认可；某项工作本人认为自己做得不好，但同事认为做得好；某项工作本人及同事都认为做得不好。

为了让每位教师多角度、多层次、多方位全面认识自我，教师节前后学校可以开展一次别开生面的"我为同事点个赞——背后说好话"活动。"说好话"包括两项内容：一是说出同事上学期你认为做得最好的三件事，说在好在什么地方；二是对同事今后有"好处"——为他好的两条建议。

背后意为匿名，以匿名的方式表扬及提建议，可以免去虚伪的客套和恭维，能让团队成员敞开心扉，真诚看待自己的队友，增加团队的情感交流，也利于教师赏识同伴及定位自己在同事心目中的形象。

创意活动之六：创意谢师恩

1. 让爱师变身卡通萌物

"不求神似，但求有心，让你爱的老师变身卡通萌物！感觉老师萌萌哒。"

明信片也"卖萌"，创意与科技相结合。活动收集大家制作好的老师"脸萌"头像与其本人照片、姓名，制成明信片在 9 月 10 日展示出来。同学们还可以给与真人照片最接近的脸萌头像投票，并将这份创意明信片送给老师。"脸萌"作为近来较流行的人像制作软件，在微信朋友圈颇受欢迎，它可用手机轻松制作卡通头像，多种发型、五官和背景可以随意组合。

2. 爱的视频

班上的同学可以在教师节来临之际，聚在一起拍一个视频，记录下每个同学想对老师说的心里话，以及日常上课时候的点点滴滴。教师对学生都是倾注了情感的，这样的礼物也必定是能够击中教师心灵的。

3. 师生互换角色

让孩子们为老师备一堂课。孩子讲课，老师却成了"学生"。这样的经历，老师们也颇感新鲜。"平时都是我们为孩子们讲课，今天讲台上的主角换成了他们，我们成了学生，这种感觉很奇妙。通过'小志愿者'的授课，不仅拉近了师生间的距离，让孩子体会到了老师平时教书育人的辛劳，而且让教师明白了在某些方面学生也可以是老师的老师。"

游学活动的创意及案例（一）

——实新学校清明上河园一日游活动材料之告家长书

尊敬的家长：

关于我校近期组织学生集体旅游一事，特向您告知如下：

一、本活动的目的：学校有目的地组织集体旅游同家长单独带孩子外出游玩相比，孩子们的体验、感悟及获得的快乐是极为不同且相互无法替代的。此次活动是我校开设的校本课程"走近自然，拥抱绿色"的一部分，旨在是孩子们走近历史、走向自然，从历史、自然这本无字书中汲取丰富的营养，孕育宽厚的人文底蕴。

二、时间及地点：我们初步拟定 2008 年 5 月 6 号全体师生游览国家 4A 级旅游景点、历史文化主题公园——清明上河园，沿途顺带对"大广"高速黄河大桥进行实地考察。

三、主要景点介绍：清明上河园位于河南省开封城西北隅，东与龙亭风景区毗邻。它是按照 1∶1 的比例把宋代著名画家张择端的代表作、堪称中华民族艺术之瑰宝的《清明上河图》复原再现的大型宋代历史文化主题公园，又是再现原图风物景观的大型宋代民俗风情游乐园。整个景区内芳草如茵，古音萦绕，钟鼓阵阵，形成一派"丝柳欲拂面，鳞波映银帆，酒旗随风展，车轿绵如链"的风情。

四、活动组织：一方面我们对旅游线路提前进行了详细考察，制定了详细的活动计划、活动预案，同时在知识储备、安全意识、文明旅游等事宜上，通过召开主题班会对学生进行了专题教育；另一方面我们将委托享有盛誉的新乡市客运旅游处提供旅游服务，全程有教师陪伴、有专职导游讲解。

五、相关费用：团体性质，每人收费 60 元（包括车费、门票）。

本次活动按个人意愿参加。谢谢您长期以来对我们工作的理解、支持！

实新学校

2008 年 4 月 29 日

游学活动的创意及案例（二）

——清明上河园一日游活动计划

实新学校定于 2008 年 5 月 6 号组织全体师生游览国家 4A 级旅游景点、历史文化主题公园——清明上河园，沿途随带对"大广"高速黄河大桥进行实地参观。

一、活动目的及意义

"走进清明上河园"主题活动是我校开设的校本课程"走近自然，拥抱绿色"的一部分，旨在让孩子们：走向社会、走向自然，从社会、自然这本无字书中汲取丰富的营养；增长历史知识，丰富学生的文化底蕴，增强团队意识、安全意识和纪律观念；在外出活动中增强环保意识，体验集体活动的快乐，进一步增进师生感情和同学友情。

二、旅游活动时间

2008 年 5 月 6 日 8：00—17：30

三、安全负责人

校长为第一责任人；班主任及任课教师和部分生活老师、后勤人员为本班、本组直接责任人。

四、活动内容

感受大广高速黄河大桥、游览清明上河园、观看园内文艺表演

五、参加对象

一至六年级学生，按个人意愿参加。

六、旅游路线

经大广高速路至开封清明上河园

七、活动准备

1. 校旅游车辆的联系及安排。（校领导）

2. 提前进行旅游知识、安全知识、环保意识的教育。通知学生穿校服、佩戴红领巾。（各班班主任）

3. 春游过程中活动的准备。（各带队教师）

4. 急救医药用品。（校医）

5. 摄影、摄像。（校电视台）

6. 配班教师的安排。（后勤部）

八、活动程序

5：30—5：50 学生就餐

6：00—6：10 集合准备出发，清点学生人数及检查各种设备

6：10—6：20 出发

6：20—8：00 乘车，旅游路线的各景点的介绍和观赏

8：00—8：10 清点人数组织学生进园参观

8：10—11：00 参观清明上河园，观看园内文艺表演（随导游游览）

11：00—11：30 学生有序就餐

11：30—12：00 就地休息

12：00—16：00 继续参观

16：00—16：30 清点物品及人数，准备返校

16：30—18：30 安全返校

九、安全注意事项

1. 为保证早上出发前的安全与纪律，班主任一定做好出发前的组织工作。除安全教育以外，可以让学生看书读报或看电视节目，不要让学生在校园内追逐打闹，或做其他的游戏。

2. 要求学生保持队伍整齐，上下车快速有序，不争抢座位。在车上禁止大声喧哗，不能将头和手伸出窗外。

3. 提醒学生爱护公园中的一草一木，爱护动物。

4. 以年级组为单位活动，以班级为单位就餐，要求学生不独自行动，不玩危险游戏。一切活动均要关注到每个学生。

5. 建议学生合理安排，带适量的物品。

6. 要求学生不随地乱扔果皮纸屑，每人自带一个塑料袋，以便装垃圾。

7. 建议学生穿校服、运动鞋，背双肩包。

8. 班主任将不参加旅游的学生及时上报，留校学生要听从在校教师的安排。

十、安全措施

1. 活动前，对学生进行旅游常识、安全知识、环保意识的教育；召开全体教职工会议，明确各自职责；教育学生一切行动听指挥，不准随意离开队伍单独活动，排队有序。

2. 往返前后及每次集合都认真清点每队人数，行进时排好队伍，每班至少安排两位教师负责管理。每班把学生组织成若干个活动小组，并有序进行活动，活动时要文明、同学之间要相互帮助和关心，注意安全，不搞有安全隐患的活动。

3. 请带队老师时刻注意学生旅途的安全。教育学生遵守公共秩序，上下车不拥挤，发扬谦让精神；旅途中不能将手、头伸出车窗外，不大声喧哗；过马路时，严格遵守交通规则；参观和活动时要做到井然有序，不拥挤、不喧闹、不追逃、不打闹；有问题及时向老师汇报。

4. 紧随队伍，不要单独游览各个景点，对于有危险的活动区域，安全监督教师应预先设想防范措施，禁止学生在此区域内活动。上下车要有序，让学生牢记自己所坐车辆的车牌号、停车位置和自己座位号。

5. 全体学生必须穿校服、戴红领巾；午餐由学校统一安排解决。各班可组织学生以小队为单位，带好帽子及自用水杯。为防有学生晕车，各带队教师应提前备好晕车药、垃圾袋。

6. 审查学生身体状况。对身体不适或患有疾病的学生，劝其放弃参加本次活动。

7. 教育学生注意言行文明，爱护公共设施，不在建筑物上面乱涂乱画；注意公共卫生，不乱扔果皮纸屑，要求学生及时清理垃圾，保持活动场地的清洁卫生。

8. 返校后，带队老师清点人数，进行活动小结。班主任要将本班返校人数及时如实上报。

实新学校

2008 年 4 月 25 日

游学活动的创意及案例（三）

——实新学校清明上河园一日游事故应急预案

为了及时控制学生出游时发生的重大安全事故，争取在第一时间充分调动各方面力量投入抢救工作，最大限度地减少事故发生后的伤害和损失，学校根据《教育部关于进一步加强学校春游活动等安全工作的紧急通知》有关规定，特制定本预案。

1. 突发事件处理原则

出现责任事故，首先发现的教师就是第一责任人，要保持头脑清醒，一方面要及时组织救护学生，另一方面马上向相关领导汇报，争取在第一时间内把问题妥善解决。处理时，遵照以下原则：

（1）学生优先原则；

（2）就地抢救原则；

（3）报警、求援原则；

（4）维持秩序、迅速疏散原则。

2. 及时反应保障措施

（1）学校领导及校医、全体任课教师随班；

（2）所有教师的手机必须处于开机状态；

（3）进入参观点后，由领队教师在出入口执守，观察学生情况。

3. 学生溺水、突发疾病或遭遇其他意外伤害

师生在整个活动中若出现溺水、突发疾病或遭遇其他意外伤害，带队教师及时求救并立即与领导联系，视轻重由领队及校医处理或就近送医院救治。

4. 学生走失处理

（1）确保每一个学生知晓班主任及其他带队教师电话号码，以便联系；

（2）如发现学生走失，切不可大意、拖延，应立即组织就地寻找；

（3）从学生最后接触的同学入手，了解最后行踪；

（4）电话通知其他带队教师关注寻找。

5. 交通事故处理

（1）严重受伤即刻拨打 120，并立即组织抢救；

（2）迅速报告校领导，视伤情而定立即送医院还是紧急处理后送医院；

（3）保护好现场，指挥学生撤离至安全地点；

（4）跟踪检查、诊治；

（5）立即成立事故处理小组，分别负责家长、交警、医疗、保险各方接洽，妥善处理善后事宜；

（6）写出书面报告，总结经验教训。

实新学校

2008 年 5 月 4 日

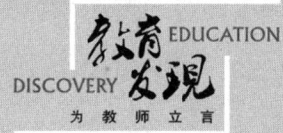

第四篇

课程管理

全教育、全课程、全课程
活动平台的构建

全教育

　　学生如果在享受优质的学校教育之外，还能享受全方位的、多角度的、高效的社区教育和家庭教育，我们称之为学生享受的是全教育。一个人终生能够同时享受学校教育、家庭教育、社区教育，我们称他享受的是终身全教育。全教育或终身全教育是由学校教育、家庭教育、社区教育三维组成的立体结构。它不是线性的（仅学校教育），也不是平面的（学校教育、家庭教育），而是立体的、多维的。全教育或终身全教育是一个整体，它的目标指向都围绕一个中心——人的综合素质的全面提升和人的全面发展。相关职能部门需要把素质教育培养目标统筹兼顾地分解到学校教育、家庭教育、社区教育层面，通过多维互动，由三者共同合作承担。根据我国的现有国情，全教育或终身全教育的实施，应以学校教育为主，辐射、拓展到家庭教育、社区教育。学校教育工作者尤其是各级学校领导有责任和义务肩负起协调、引领、指导家庭教育、社区教育的重任。学校教育与家庭教育、家庭教育与社区教育、社区教育与学校教育的衔接与合作大有文章可做。全教育普及之日，就是素质教育真正落实之时！

解读当前的教育

1. 当前我们孩子受到的教育是残缺的、畸形的、功利性的教育，主要表现在学校教育"越位"，社区教育"缺位"，家庭教育"错位"。学校教育"越位"指的是学校做了许多本不应是学校教育承担的事情，而本身应该承担的职能反而没有很好履行；家庭教育"错位"指的是家庭成了"学校的第二课堂"，家长成了"学校教师的助教"，家庭教育的职能出现了本末倒置的现象；社区教育"缺位"指的是社区教育缺乏规划、指导，教育资源缺少有效整合，许多地方的社区教育几乎是盲区。

2. 我们应该从全教育角度来研究素质教育。研究者的视野若不能跳出学校教育狭隘的范畴，仍然仅在学校教育层面来谈素质教育，犹如盲人摸象，是肤浅的、片面的！素质教育目标的落实，仅靠学校教育是根本不可能实现的，况且我们当前的学校教育还是有问题的。素质教育目标的落实需要学校教育、家庭教育、社区教育三方联动、互为补充、共同承担。也就是说，素质教育目标的落实需要普及、推广全教育来实现。

3. 家庭教育实施的主体是家长。对家长的教育主张，我们学校教育工作者，不能仅仅是"迎合"，而应该"引领"。引领是对家长更高层次的尊重。

4. 学校教育不等于学校学科课程教育，更不等于学校课堂教育。

5. 社区教育应该利用政府关注民生的有利时机，建立社区教育资源、信息中心。当务之急是先盘活假期闲置的学校教育资源为社区教育服务。

全课程

不管人们如何理解素质教育的培养目标，要真正把素质教育落到实处，都必须把这些目标具体体现到相应的课程设置上。素质教育目标的实现靠的是全教育，全教育实施的有效载体是全课程——学校课程、家本课程、社区课程。全课程教育，不但涵盖新课程教育，也继承传统课程教育中有效的课程要素，更创设出新课程教育和传统课程教育都没涉猎到的课程教育新要素；力争搭建更加优化的课程要素框架，如此，才称其为全课程教育。全课程教育，充分利用并有机整合各种教育资源以便更好地服务于学生的全面成长。

学校课程类型拓展是学校新课程体系建设的第一步。学科课程＋非学科课程，即：（应试学科课程＋非应试学科课程）＋（时间性非学科课程＋非时间性非学科课程）。也就是说要把中小学教育教学的每项活动都视为课程，并像对待应试学科类课程那样去对待其他类型课程。把学科课程以外的教育教学活动视为课程，即非学科课程。目的是让学科课程以外的教育教学活动内容和学科课程同等地受到教育者和受教育者的重视，在人、财、物的投入上，在教育教学的具体安排上都使其在一个体系内去实现，真正实现教育教学内容的总和等于全课程。新体系的学校课程教育，以国家颁布的课程标准为基础，能使新课改向纵深发展，视学校各个课程层级、各类课程类型和各种课程模式为有机整体，职责分工明确，相互支持有力，使各类课程共同构建学校课程教育体系，在教育教学中有机联动，从而优化教育教学，完成国家的教育方针在学校层面的目标。

家本课程、社区课程，我们不主张编写规范的教材，主张编写课程实施指导用书。它可以规定家本课程、社区课程开设的目的、课程的实施规划、课程实施应该利用的资源以及如何对课程效果进行评价等。由于家本课程、社区课程是个新生事物，刚开始起步阶段可以编写课程资源包。

解读当前的教育

1. 课程改革的重心是课程体系的建设。在某种意义上说，中国当前没有真正的课程改革，只有教学改革。我们在推出实施素质教育的经验典型时，学校层面我们只主张选择整体性的、真正从课程改革入手的各种改革，而不主张选择那些教师个体的教学改革层面的经验。

2. 现有的学校课程层级、课程类型、课程模式不但单一、滞后，还相对独立，自成体系，少有联动，不能构成有机整体。学校课程应该由学科课程与非学科课程共同构成。分析学科类课程与非学科课程之间的关系，有如下结论：

（1）学科课程，以"面对遗产，系统认识，接受并记忆"为主要特征；而非学科课程则是以"面对现在和未来，综合运用各科知识，探索、拓展、创造"为主要特征。

（2）两者各自存在着优劣势。学科课程的优势在于，它是系统地传授知识和技能的好形式，但不足之处是很难兼顾学生的个性差异，面向全体难以照顾个体，不利于学生通过自己的活动提高各种能力。非学科课程的优势在于，它有利于学生个性特长的发展。通过参与开放式社会活动，学生更容易随时汲取最新知识，有利于激发学生对未知现象的探索，甚至是让学生智商、情商、品德、平衡发展的保证。非学科课程以生活为课堂，生活为中心，充分体现了综合教育思路，激活了各科知识在解决生活问题方面的作用，不足之处在于，它不利于传播系统知识，很难使全体学生达到统一的教学目标。寻找两类课程的最佳结合点，充分发挥两类课程的各自优势，做到相互渗透、相互促进、相互提高，是当前课程改革必须考虑的。

3. 家本课程可以从以下角度构建：伦理道德、行为习惯、社交礼仪；现代生活方式、娱乐方式、健身方式；以书香家庭建设为中心的家庭学习；旅游、考察、体验为主的综合实践活动；学科家庭小实验、小制作、小发明。

4. 社区教育有效运作的前提是：有一批合格的从事社区教育的教师；有特色的社区课程；有固定的场所或基地。社区教育服务中心负责课程的管理，社区课程的设置应体现地域特色。社区服务与社会实践，社区非物质文化遗产继承，艺术门类课程特长生的培养，体育锻炼、健身项目指导，青少年爱国主义教育，社区爱心工程等是社区课程首选的内容。

5. 虽然全课程是由学校课程、家本课程、社区课程共同组成的，但是当前三者地位仍有轻重之分。学校课程处于重中之重的地位，家本课程、社区课程是学校课程的有益的补充。当前，学校课程急需改革，家本课程有待完善，社区课程急需开发。

课程活动平台

全教育课程标准落实与全课程资源的开发与利用之间缺少一个环节，即全课程活动平台运行。课程资源需要在一定的平台上运行。即使有充足的课程资源，若没有相对应的课程活动平台，课程资源也不能发挥应有的作用。全课程活动平台和全课程资源的开发与利用之间的关系，犹如路和车的关系。当前存在的主要问题是"路"和"车"不匹配，有"车"没有"路"。

全教育课程标准决定全课程活动平台，全课程活动平台决定课程资源的开发与利用，课程资源的开发与利用决定采取什么样的教育方法，这四者是递进关系，前者的优劣直接影响和决定后者的优劣。传统课程活动平台的建设是有问题的，而且是有大问题的。因此，属递进关系的下一个环节的课程资源的开发与利用和下下环节的教学方法体系的建构也就不可能是全面的、优化的。

全教育背景下的全课程需要全课程活动平台来支撑。仅从学校教育的维度看，学校课程活动平台大体可以分为：学科课程活动平台；非学科课程活动平台；学科课程与非学科课程整合活动平台；学校文化活动平台。上述全课程活动平台，构成了完整的体系，能达到网状结点连动，整体和谐推进的效果。全课程活动平台体系，相互融合，相互支持，形成强有力的整体实力，共同完成着全面实施素质教育的教育目标。

其中学科课程活动平台可以从线性的、班级授课制相适应的课堂教学及打破教学线性的自学两个角度建构。

非学科课程活动平台可以从综合实践活动、大课间入手，通过有课程意识地系统地组织、实施各类活动来建构。

学科课程与非学科课程整合活动平台的建构思路为：通过非学科课程活动平台，学生凭借行为彰显，进行学科课程内容的成果展示；通过学科课程活动平台，学生在非学科课程中积累的经验、感悟能够反作用于学科教学；通过学校生态环境这个载体，有意识让学科课程与非学科课程打通进行。

解读当前的教育

1. 只有把课程活动平台建构好，才能进一步把其他教学活动安排、实施好。但在我国的中小学教育体系中，除了各学科课程的课堂教学活动平台比较系统有效外，其他的课程活动平台几乎是空白，亟须搭建。

2. 给教师多大的平台，教师就能展示多大的风采，只给一个针尖大的舞台，那么就只能在针尖上起舞。就是说，我们只给了教师们学科课程活动平台，教师们只能在学科课程的舞台上展示他们的十八般武艺。可平台所限，有些功夫、才华是施展不出来的。

3. 各学科课程的课堂教学活动平台，是完成全面实施素质教育目标的主要途径，这一点毋庸置疑，但它不是全部，也毋庸置疑。可我们许多教育工作者，总以为或误以为各学科课程的课堂教学平台是全面实施素质教育的全部平台。其实不然，倘若缺失了其他课程活动平台的补充，要想实施素质教育是不可能的。

4. 在学科课程活动平台上运行的传统课堂教学，在实施中还需进一步优化。以往，我们只注重讲授和练习这两个阶段，其实，这一教学活动分为四个阶段：识记的积累、精要点拨、范例练习、成果的展示（作业）。在这四个阶段中，我们常常没有给足时间让学生主动地围绕课题去进行识记内容的积累，要么不相信学生，在课堂上占用大量的时间不厌其烦地讲解，要么，这一阶段就不给学生有效的指导和检查。最后阶段更成问题，除了书面的作业，我们几乎没有再多地提供给学生学习成果展示的活动平台。

5. 搭建行为彰显、成果展示平台具有不可忽视的重要性。行为彰显、成果展示是一种传统教学忽视的学习方法，笔者认为行为彰显、成果展示既是课堂教学的组成部分，又是一种学习活动载体。行为彰显、成果展示的过程，就是不断学习、巩固的过程，同时也是自我反思、同伴互助的学习过程。

6. 自学活动平台建构，拓展了学生学习的时空，解决了班级授课制的软肋问题——教学的线性和教学进度的过度一致。自学活动平台可以通过学校精心制作的详细的“学科知识树”和建设随时可点击的校园局域网来实现。学生可以依照自己的实际，对以往的知识进行查漏补缺和对感兴趣的内容提前进行自主学习。“学科知识树”和“网络课程知识系统表”对学生自学开辟了一个新视野。

7. 学校生态环境活动平台建构，能让校园里弥散着跨年级、跨学科、多种变式的教学信息。学生可以随时、随地、随机进行自主、合作、研究性学习。学校环境成为一个开放的、绿色的天然实验室；学校环境的本身提供了学科和综合实践活动研究基地；同时学校环境本身还可以建成有科技含量的生态园。

8. 学校文化活动平台建构的要素是：学校传统文化的继承和新文化的培植，学校品牌的形象设计，学校精神的传承，学校核心价值观的提炼，校报、校刊、校台、校网的经营与管理等。

综述

1. 实施素质教育的关键链条：全教育→全教育课程标准→全课程活

动平台→教学资源的开发与利用→教学方法的选择。

2. 教育研究的视域应从学校教育提升到全教育，从学科课程提升到全课程。

3. 建议学校将学科课程标准上升到全教育课程标准。家本课程、社区课程也要制定相应的课程标准。家本课程、社区课程不主张编写规范的教材，主张编写课程实施指导用书。

4. 全教育课程标准落实与全课程资源的开发与利用之间缺少一个核心环节，即全课程活动平台。

5. 建议从单一的学科课程活动平台延伸到多维的全教育课程活动平台，如：非学科课程活动平台，行为彰显、成果展示活动平台，自学活动平台，学校生态环境活动平台，学校文化活动平台等具有自己独特功能的平台。

中小学升旗课程创意和策划

中小学升旗仪式在实践的过程中被套路化、模式化、形式化，千篇一律让学生没有新鲜感，也让升旗这个庄严的活动变得索然无味。如何能够在形式上吸引人、在内容上教育人，这就需要新颖、独特、有创意的升旗仪式，需要学校对升旗重新策划、开发、经营，也就是要用仪式提升升旗活动的吸引力。

【创意之一】升旗手、护旗手竞选产生；成立护旗班、观礼团

传统的升旗仪式，有固定的升旗手、护旗手，学生每次仅仅是在不同的时间观看相同的表演，因此无法产生融入感、参与感，而仅仅作为一个旁观者。这样的形式不会长久地吸引学生，而使学生越来越懈怠、厌烦，这样一个庄严的形式也就没有了它神圣的作用。

针对此种情况，升旗仪式首先应从最基本的升旗手、护旗手的产生开始改革。升旗手、护旗手必须竞选产生，也就是说升旗手、护旗手不再是固定不变的。具体的操作方法可以是：学生自我申报；班主任依据学生上周的综合表现考核，向学校推荐一至二名候选人；少先队再组织联评，选出三名最优秀学生作为升旗手和护旗手，班级上报的其余候选人作为护旗班的成员；升旗手、护旗手的事迹及学校推荐理由要在学校公示。能够在同伴面前代表学校亲自升旗，对孩子们的诱惑力是巨大的！

孩子们为了能够当上升旗手就会认真地对待学习、生活、纪律。神圣的升旗仪式不再是固定的表演，而是大家共同展示的舞台。为了更大范围地调动学生的积极性，我们可以再邀请一些表现优秀的学生成立升旗仪式观礼团，并给予佩戴鲜花、优秀奖牌等待遇。

此种举措更大程度地调动了学生的参与性、积极性，也根除了升旗仪式僵化、意义空洞的问题。

【创意之二】组建国歌示范团；成立教师方阵

过去在升旗的时候，一直存在国歌唱不齐、唱不响的问题。国歌示范团的作用就是领唱国歌，带领学生把国歌庄严的气势用嘹亮的声音唱出来。国歌示范团可以选举产生，也可以班级轮流担纲，关键是发挥出示范的重要作用。

教师方阵的组建在很大程度上更是起到了示范、表率的作用。当一个整齐的教师方阵出现在学生面前时，学生必定以教师为楷模，按照老师的做法去规范自己的行为。在悄无声息、润物细无声的感染、熏陶中，教育的作用发挥得淋漓尽致。同时对那些在升旗时表现欠佳的教师也是一种约束。当然，也在一定程度上提高了对老师着装、仪表、站姿等各种礼仪素养的要求。

此种举措着眼于示范的力量，放大了升旗仪式的隐性功能，让学生在潜移默化中有所思、有所学、有所获。

【创意之三】升旗台竖三根旗杆，升国旗、校旗、先进班集体的班旗，唱国歌、校歌、班歌

试想一个不爱亲人、家庭、班级、学校、家乡的学生如何会去爱自己的国家呢？因此要引导学生爱国先从爱亲人、家庭、班级、学校、家乡做起。小学生爱国主义教育、民族自豪感教育，应避免空洞说教，要在小学生可接受范围内，要选择合适的载体，要从小学生生活中选取事例，尽量推荐身边的典型。因此在升旗上我们要从小处着手、大处考虑，将培养学生爱集体、爱学校、爱国家作为一个体系，通盘考虑。学校的升旗台可以竖三根旗杆，升旗的时候不仅仅升国旗，还升校旗、班旗。

在升校旗、班旗前要确立自己的校旗、班旗、校歌，校旗的选择要能体现学校特色，校歌在选择上也要考虑催人奋进、朗朗上口。在确立班旗、制定班歌的时候也要遵从同样的原则。另外升哪个班的班旗也要有规则，比如可以选择上周班级综合考评表现最优秀的班级，由本班优秀学生代表亲自升起该班的班旗，进而增强学生的班级荣誉感。

此种举措在设计上体现了"将爱集体、爱学校、爱国教育"统筹规划、层次递进的原则，"用小爱衍生大爱"。另外可以调动学生参与班级活动的积极性，增强集体主义荣誉感。

【创意之四】每周先进人物走星光大道

传统的升旗现场师生参与较少，对于优秀的师生往往是口头表扬居多，而缺少一个合适的仪式让受表扬的师生有展示自我的机会，将表扬的作用最大化。因此在隆重的升旗仪式上可以推出让周先进人物走星光大道这个环节。

走星光大道的师生要选取有代表性的。仪式的现场要布置一条红地毯，让走上星光大道的师生有一种神圣的荣誉感。对于表彰的师生要有合适的颁奖词，对师生的事迹、精神进行放大，号召广大师生学习。少先队员要给走星光大道的老师献花，校电视台拍摄获奖师生访谈和获奖感言，并集体合影留念。

这样可让学生身边的榜样成为金矿,将荣誉的激励效益最大化。身边明星的感人"小事",更能切实打动他们,点燃他们的心灯,照亮他们前进的道路。"今天我羡慕您,明天我将成为您,后天我要超过您"必将成为全校学生共同心声!

此种举措,也让优秀教师获得激励,产生成就感。

【创意之五】让国旗下讲话成为升旗仪式上的一道靓丽的风景

长时间以来多数学校的"国旗下讲话"成了一种八股式的演讲,多说教、劝诫、训导。这种形式不仅不利于学生接受,还容易充斥一些固话、套话、正确的废话。因此可以将国旗下的讲话转化为学生喜闻乐见的新方式。如:小故事大道理;小实验大道理;情景剧;"观美、寻美、颂美、学美"美就在我身边演讲活动;×学生(教师)感动了我;等等。我们要关注学校国旗下讲话的内容,也要关注国旗下讲话的形式。尽量由传统的灌输式、说教式向体验式、互动感悟式转型!国旗下讲话要提高实效性,必须注重学生的自主体验,注重会场的氛围营造。只有这样,学生内心深处的崇高情感才得以激发,思想受到启发,精神得到洗礼。

【创意之六】国旗下班级风采展示

国旗下班级风采展示就是将课堂的内涵扩大化,将升旗这个大的校级活动变成一个展示的舞台、学习的平台。针对学校的实际情况,我们可以设计多种多样的展示活动,比如随机抽签背诵古诗词、国学经典。学生在等待抽签的过程中就有了很强的期待心理,希望被抽中展示自己、展示班级的实力。"优等生渴望展示,努力学习;潜能生害怕展示,更要学习",这样更有利在学校形成一种"比、学、赶、帮、超"的良性竞争氛围。同时也给学生创设了一个自我展示、自我锻炼的舞台,锻炼学生的能力。

【创意之七】圆梦行动起航，让学生的心愿梦想成真

学校首先要做两件事：一是设立校心愿基金，可采取师生自愿捐款或接受社会捐赠的形式筹集。二是在学校醒目的位置悬挂心愿箱，征集孩子自己最希望实现的愿望。

学校设立心愿基金就是为了实现学生的心愿。让学生将小愿望一一投进愿望箱，在升旗时挑选一些愿望帮其实现。我们甚至可以帮学生实现在暑假、寒假期间去看望在外打工的父母的愿望，让学生在升旗现场充满期待。

这样的升旗仪式富有精神魅力和道德力量，可以对师生的精神世界起到积极影响，同时也是师生展示生命活力、实现生命价值的重要舞台。

从军训活动拓展到军训课程

军训对增强学生的纪律观念、团队意识、集体荣誉感及形成优良校风等诸方面有不可替代的作用。然而一周的军训培训的仅是学生的良好行为，没有形成良好习惯，更没有养成永久的习惯（潜意识行为）。如何将军训对学生"一阵子"的影响变成"一辈子"终身影响，把军训活动拓展成军训系列课程不失为一条有效途径。

军训活动如何拓展为军训系列课程？

时间拓展：第一周（7 天）传统军训，强制他律阶段；第二周（7 天）互相监督自律阶段；第三周（7 天）自觉自愿行动的自律阶段。经过 21 天，学生初步形成习惯，若不坚持或条件变化，习惯仍然不能坚持，为此，还必须有七八天的巩固阶段。只有如此，该习惯才能变成潜意识行为——长久习惯。

目的拓展：从单纯军训拓展到"体验军营生活，养成良好习惯，成就美好人生"。

人员拓展：军训聘请相关的在役军人；后续部分可聘请退役军官做兼职教师。

强度拓展：从开学前集中军训，到开学后的每周一至二课时。

内容拓展：从练站军姿、队列到内务整理、就餐、遵守纪律、团队意识、集体荣誉感等全面体验军营生活。

　　形式拓展：1. 提高校园安全保障：安排学生协助门卫站岗值勤，加入学校"校园夜间巡逻队"，检查安全隐患，确保校园安全，打造学校形象，树立学生自豪感，让家长放心。

　　2. 丰富学生校园课余生活：可以组织军事会操、军歌大比拼、国防知识竞赛、拓展训练等活动，也可组建国旗护卫队、学生仪仗队、女生表演方队等，进而活跃和丰富学生校园的精神文化生活。

　　当然军训系列课程重在体验，重在巩固军训成果，重在转化成长久的习惯。

　　从单纯军训活动，提升到军训系列课程的意义

　　1. 军训系列课程有利于优良校风学风形成，是学校养成教育的有效载体。以军队的纪律规范学生，以军人的精神教育学生，以军营的作风感染学生，使学生在按时起床出早操、整理内务、文明就餐、认真学习、刻苦锻炼、准时熄灯、保持卫生的具体要求中，不知不觉养成了良好的生活习惯和果敢、严谨的工作作风，受益终生。

　　2. 利于提高学生意志品质和抗挫折能力，为教学质量提升提供了良好条件。通过展示军人良好形象和作风，为学生树立了榜样，对学生是一种潜移默化的熏陶。同时还培养了学生吃苦耐劳、顽强不屈的品质，增强了心理承受能力，使学生更能在自信中获取成功，在挫折中总结教训。

　　3. 利于形成特色的学校文化。军营文化与学校文化的融合，使校园文化既具有浓郁传统的文化底蕴，又具有严肃的阳刚之美，从而使校园文化呈现刚柔相济，婉约与豪放相得益彰的文化特色，在这种特殊的文化氛围的熏陶下，孩子们既没有了"惺惺作态"的娇气，又收敛了野性，身心得到了健康的滋润。

小学生体验课程创意
和策划参考样本

小学生暑假情景观察体验作业报告单

低年级段（一二年级版）

【观察】

1. 观赏一次夕阳西下的美景，看一看变幻莫测的火烧云。

2. 和爸爸妈妈一起数一数星星，比一比谁的眼力强，看到的星星多。

3. 找一窝搬家的蚂蚁，看一看它们的搬家路线图。

4. 看一看夏日里的小狗有什么特点，弄清它们为什么老是伸着舌头。

5. 看看夜晚能否在草地上发现一只萤火虫。

【聆听】

1. 清晨，到附近的树林里听一听鸟儿的鸣唱。

2. 午间，打开窗户听一听蝉儿的鸣叫。

3. 下午，到楼下小花园里听一听雨点打在树叶上发出的沙沙声。

4. 雨后，到水塘边听一听青蛙的歌声。

5. 夜晚，听一听花圃里或田野里虫儿们开的音乐会。

【健身】

每天确保一小时的锻炼时间，可以自己跳跳绳、踢踢毽子、做做操，也可以和爸爸妈妈一起晨跑，有条件的还可以打乒乓、打篮球。要求每位同学都要学会一种新的锻炼方式。

【读书】

1. 每天早晨进行一刻钟的美文诵读。

2. 每天上下午的读书时间不少于半小时。

3. 对自己的书籍进行一次整理，分门别类的放在书架上或书橱里。

4. 至少购买并阅读 2 本适合低年级阅读的课外读物。（偏重于成语故事、寓言故事、童话故事、小儿歌等）

【家务】

1. 学会拖地、洗菜、洗碗、打扫房间。

2. 负责拿牛奶、取家里订阅的报刊。

3. 学会淘米并用电饭煲蒸一次米饭。

中年段（三四年级）

【观察、聆听】

1. 观察月亮是怎么一天天由月牙变成圆盘，又从圆盘变成月牙的，做好记录。

2. 与爸爸妈妈比比谁的耳朵尖，能听到更远或更细微的声响。如外出旅游，注意听一听小溪哗哗流淌的声音，或瀑布巨大的轰鸣声，或海浪拍打礁石发出的声响。

3. 观察新村或绿地、公园里夏日的植物，如爬山虎、美人蕉、牵牛花、葵花、翠竹等，选几种拍照，查资料编一本《我的植物画报》。

4. 尝试着做一支柳笛，看看能不能吹出曲调，吹出快乐的心情。

【实践、体验】

1. 去看望爷爷奶奶或外公外婆，向他们问声好。

2. 学会下军旗、五子棋等简单的棋类。

3. 和爸爸妈妈去果园摘一次葡萄或其他水果。

4. 约两三个小伙伴痛痛快快地打一次水仗。

5. 到科技馆体验科学的乐趣和魅力。

6. 学会利用废旧物品做一两样小制作。

7. 用橡皮泥捏一个你最喜爱的童话人物。

【健身、读书】

1. 每天确保一小时的锻炼时间。可以自己跳绳、踢毽子，可以和爸爸妈妈一起晨跑，也可以跳跳健美操，有条件还可以打乒乓球、羽毛球、篮球，要求每个同学都能较为熟练地掌握两种体育锻炼方式。

2. 每天早晨进行一次美文诵读。

3. 每天上下午的读书时间不少于半小时。

4. 对自己的书籍进行一次整理，分门别类地放在书架上或书橱里。

5. 至少购买并阅读 2 本适合中年级学生阅读的课外读物。（偏重于优美的诗歌散文，儿童文学，浅显的名人传记、科幻小说等）

【家务】

1. 学会拖地、洗菜、洗碗、打扫房间等基本的家务劳动。

2. 学会淘米，用电饭煲煮饭。在爸爸妈妈下班前将米饭煮好。

3. 学会泡方便面，学会煮鸡蛋或炖蛋，有能力解决一餐饭。

4. 每天为家中的花草浇水，当好小花农。

高年级段（五六年级）

【感受自然】

1. 透过窗户观察雷雨的全过程。观察雨后的彩虹。

2. 到附近的公园里仔细观赏荷花、荷叶，体会荷花的高洁。

3. 观察几种夏日的昆虫，查找相关资料，用照片加文字的方法制成自己的《昆虫记》。

【锻炼身体】

每天确保一小时的锻炼时间，可以跳跳健美操、晨跑，还可以打乒乓球、羽毛球、篮球，要求每个同学都能较为熟练地掌握两种体育锻炼方式。

【读书学习】

1. 每天早晨进行一刻钟美文诵读。

2. 每天的读书时间不少于 40 分钟。

3. 至少购买并阅读 2 本名人传记或短篇小说、历史故事、优美散文。

4. 定时收看中央电视台的《新闻联播》。选看本地电视台的新闻节目。

5. 通过报刊、电视等途径了解一项国际国内最新的科研成果，

【交流分享】

1. 去附近纳凉的人较为集中的地方与伙伴聊天。

2. 去拜访一个家住附近的亲友。

3. 收集表示祝福的短信，并尝试着创作两三条，分别发给老师、同学、亲友。

4. 及时将反映自己丰富多彩的假期生活的图片和文字传至班级 QQ 群、博客，与同学交流分享。

【家务劳动】

1. 学着当一次家。在爸爸妈妈的指导下经历买菜、洗菜、炒菜、煮饭等全过程。

2. 学会炒饭，下面条，做荷包蛋、糖汁番茄、凉拌黄瓜等。爸爸妈妈不在家时，能独立解决一日三餐，并保证基本营养。

3. 学会用洗衣机洗衣服。学会自己缝扣子。

【实践体验】

1. 考察家乡的一处景点，制作一份图文并茂的报告。

2. 与爸爸妈妈一起去挑西瓜，学会通过观察颜色、辨声等方法挑出好西瓜。

3. 参加一两次社区组织的暑期活动。

4. 学会一个科学小实验，体会科学的奇妙，探究科学奥秘。

5. 尝试着用牛奶、蛋黄、白糖、果仁等原料制作冰激凌。

特别提醒：以上各项作业在完成过程中必须确保安全。如条件不具备则可以不做。

小学游学课程策划的参考样本（一）

——探寻少林文化

立才实验小学一贯推崇"全课程教育"，在创造性地开展学校教育的同时，注重开展社会教育和家庭教育。每学期都有计划地给家长课堂组织几次专家讲座。每学年至少组织一次社会实践活动，以期使"家庭教育、社会教育和学校教育"形成合力，共同促进孩子健康成长。本学年社会实践活动的主题定为"寻访少林文化，弘扬民族精神"。

定向：明确此行我要拿到什么回来

根据学校社会实践活动方案，出发前一天，各班以主题班会的形式进行课题定向。通过本次班会，一是了解有关少林寺的文化背景，点燃学生"寻访少林文化"的求知欲，调动学生探究少林奥秘的好奇心；二是分队并明确自己的目标，每个小队都有自己的队名，如小小摄影队、绘画队、探奇队、探险队、探知队、志愿帮扶队、文明环保安全队等，每个队员也都分配有自己的队内角色、任务；三是明确寻访路线，注意安全防范措施；四是宣誓表决心，要用行动为自己的誓言负责。班会定向使每个学生都带着任务去实践。

实践：处处留心皆学问，举手投足皆文明。

游学活动要真正实现其意义，就必须做好细致的教育准备工作：

1. 将日常的文明教育实践到活动中。如：观看演出时禁止大声喧哗；精彩的演出之后给予热情的掌声；离开时自觉带走垃圾；不污损破坏公共设施和景点文物等。这些平时在课堂上的文明教育，只有在实践中被执行和贯彻，才是真正起到了教育的作用。

2. 在活动中，不断提醒孩子们认真倾听导游讲解，并随时回顾之前了解的信息，将知识信息与景点实物进行对应。如此，可以使孩子们强化对知识的记忆，并对景点和其文化有更生动的领悟和感受。

3. 注意启发孩子保护孩子的求知欲。在游览中，孩子们展现出了强烈的好奇心，提出了一系列问题，如：这塔林总共有多少座塔？每座塔为什么最高有七层，而不是更高？传说中的舍利子在这塔林里吗？教师要调动孩子们发问的积极性，并让更多孩子参与到问题的探究中。

挑战：没有比脚更长的路，没有比人更高的山。

要不要爬山是这次社会实践活动争论的焦点，而要不要爬三皇寨则是焦点中的焦点。一，爬山意味着安全责任，爬三皇寨则安全隐患更多，责任更大。二，孩子们体质差异很大，有的孩子爬下来很轻松，而有的孩子则不一定能坚持到底。几百孩子攀越三皇寨，注定是开弓没有回头箭，只能向前不能后退。

经过一番激烈地争论，学校最终达成一致意见，那就是：教育要触动心灵才更有效！而要触动心灵，就要有切身的体验。安全隐患则可以用完善的预案和老师的责任心来降低甚至消除。于是学校决定兵分两路爬山！五六年级挑战三皇寨，三四年级和一二年级体质好的学生尝试挑战达摩洞。

老师们关注的是安全，一颗心始终悬挂着，两只眼睛不住地审视每一处有学生的地方，还要前后呼应不时提醒注意安全。而学生们一开始充满了新奇，精力充沛只想一心向前冲。随着山势的陡险加剧，自己体力的消耗益多，孩子们更多地体会到了老师的心情，不约而同地像老师一样相互提醒起来。再后来，有人疲惫得想退缩时，孩子们却真正显露出集体的意识：他们相互鼓励，相互加油，相互帮助扶持。集体喊起加油的口号，同时也为走在后面的其他班级加油。孩子们被集体的力量鼓舞着！艰难没有吓到他们，困难被他们踩在脚下，坚持！坚持！就这样一个个都登上了顶峰，他们高声呼啊！喊啊！兴奋伴着自豪在胸中升腾！

分享：思想的碰撞，心灵的启迪。

活动圆满结束后，分享本次实践活动，通过回忆、讨论、内化感性的体验，升华学生心灵是不可缺少的一环。打开回忆的闸门，感人的场景迎面涌来：老师讲述的是孩子们困难面前不退缩的故事，团结互助的故事，自觉自律的故事。学生们讲述的视角则更开阔：有谈困难时刻得到同学帮助时感动的心情的，有展示本次实践任务完成成果的，有谈自己突破退缩心理挑战成功的体验的……不少同学讲到动情处，禁不住流出了感动的泪水。

感悟：少林归来话（画）少林，沉淀梳理悟更深。

为了让分享的成果在孩子们心中留下较深的痕迹，学校又设计了"少林归来话（画）少林"环节。"话"就是说一说，写一写，把自己的收获和体验给自己亲人朋友讲一讲，把想法整理一下，写成文章，由班级出一期社会实践作文特刊。美术组教师则引导有绘画特长的学生把自己游学少林的收获画出来，举办一期美术画展。这种后续的活动进一步深化了社会实践活动意义，强化了实践活动的教育效果，使孩子们对活动的感悟更深刻了。

小学游学课程策划的
参考样本（二）
——探访少林，访前主题班会

班会主题："寻访少林文化·弘扬民族精神"。

班会目标

1. 做好本次社会实践活动的动员工作

2. 让学生学会承担

3. 让每位学生都能在本次的社会实践活动中有所收获

班会准备

1.《少林寺传奇》主题曲

2. 有关少林的一些图片

3. 有关少林的一些资料

班会过程

一、"寻访少林文化·弘扬民族精神"大动员

1. 由《少林寺传奇》主题曲导入。

（上课铃一响，播放歌曲。本歌曲配有 MV，所以学生可以边听歌曲，边欣赏少林风光，激起对少林的向往。）

2. 师生对话

师：少林寺方丈释永信提出要举办少林寺电影节的想法。那么，同学们，与少林有关的电影你都知道哪些呢？

生回答《少林小子》《南北少林》《少林足球》等。

师：少林，佛教圣地，所谓"万法一宗归少林"；少林寺，天下武学胜地，更有"天下功夫出少林"之说。少林寺的历史及其传说，也是武侠电影经典题材。那么，到底有多少武侠电影与少林有关呢？第一部以少林寺为题材的武侠片是 1952 年出品的《火烧少林寺》。而老师第一次看到的少林题材电影是《少林寺》，主演是当时年方 18 岁初出茅庐的全国武术冠军李连杰。尽管释永信大师说："没有《少林寺》这部电影，少林寺也还是少林寺，不能说是电影成全了少林寺，只能说是少林寺成就了这部电影。少林寺 1500 多年的历史，积淀了很深的文化底蕴，这是中华民族传统文化的一部分，少林文化越来越受到国外人士的喜爱，就能充分说明这个问题。"其实我们每一个人或多或少心底都有一种成为英雄的渴望，具体到国人，则将这种浪漫凝缩成了江湖。它所表达的是一个人、一个时代、一个民族的信念，是带动我们前行的一点力量，是"中国文化深处"的东西。

二、分组

1. 在分队前先让学生观看实景照片，把本次实践活动的整个行程告知每位同学：进入少林寺的大门，全体师生共同到演播厅欣赏武术表演，欣赏过后进入少林寺的寺院寻访少林文化，紧接着步入全国六最之一的塔林寻访塔林。最后兵分两路去探知探险。（展示课件）

2. 分组导入语：有幸，本周四学校给了我们一个了解少林的好机会，全校师生共同"寻访少林文化"。为了寻访到更纯、更真、更丰富的少林文化，让每位同学都有更多的收获，继而更好地弘扬民族精神，我们需要分工合作。所有参与这次活动的同学，对我们这次的实践活动都是至关重要的。下面我们进行寻访前的分队。

3. 小队形成后，迅速以小队为单位坐定。小队内商讨本队的队名、口号、责任。（自己承担的任务、责任是什么，要全部明晰。强调安全第一，无论在那一个环节，都不允许脱离班集体，一切听从指挥。）

三、宣誓

小队形成，小队内的队名、口号、任务均已明晰后，为了使每个同学都能铭记自己的责任，接下来，由队长带领进行宣誓。在宣誓的过程中，教师对每个小队进行初步的评价，给予同学们更多的鼓励，使之更加明白：责任在我肩！我要勇于承担！坚持到底！

四、寻访前每个人的准备

小队分好了，由于承担的责任不同，准备的物品也不同。首先让同学们在小组内商讨所需物品，然后全班分享，老师针对学生说的不完整的地方进行补充。

五、结束语

预祝所有同学在此次社会实践活动能大有所获。

农村中小学综合实践活动课程再定位

　　当前农村中小学在实施综合实践活动课程的过程中，存在诸多问题，最关键的制约因素就是定位不准。要想定好位，先要认识到位。对于认识的问题，可以总结为"三位"。

　　首先，从处理与学科课程的关系角度看，存在以下三个问题：

　　"篡位"：把综合实践活动课程变成了学科课程的第二课堂。"移位"：根本没体现综合实践活动理念、目标、独特价值功能，完全以学科课程标准开设信息技术课、劳动课，将其误认为是综合实践活动课程。"异位"：综合实践活动是个筐，各种活动都往里装，凡是与活动沾边的都认为是综合实践活动。

　　从以上情况来看，问题主要由于对综合实践活动课程和学科课程差异的认识存在误区。

　　综合实践活动中的"活动"与传统的"课外活动"有所区别。综合实践活动的内容对于全体学生来讲，具有某种不可选择性，甚至带有某种"强制性"的特点。就活动时间的安排来讲，综合实践活动也应置于课程计划之内进行，不宜过多地占用学生的课外时间。而从本质上讲，学生课外活动是基于学生兴趣和特长，由学生自愿参加的活动，由学生在课外进行。学生参加某项课外活动，是出于对该项活动喜欢，或者是由于学生具有某种特长，希望在活动中得到更多的发展。若二者关系处理不当，要么会放松对综合实践活动课程的要求，使之放任自流，最终使综合实践活动课形同虚设，要么使学生的课外活动迁就综合实践活动课的要求，降低课外活动应有的质量和水平，泯灭学生的兴趣和爱好。

综合实践活动中的"实践"与学科课程中的"实践"也有所区别。综合实践活动的实践侧重前期实践，学科课中的实践侧重于后期实践。例如，中小学学生的常态实验课是实践活动，但不是解决实际问题的完整的实践活动。在实验课上，一切准备工作都已做好，各种程序都已规定，学生基本上不需要考虑干扰、成本、风险，不需要自己动脑设计，不需要自己想办法创造条件。而综合实践活动尤其是研究性学习，就是弥补学科实验课和劳技的不足，培养学生的创新精神。综合实践活动应当以前期实践为重点，强调问题，强调探索，以活动为主要形式，应当是解决问题的实践。

综合实践活动中的"探究"与学科课程中的"探究"同样有区别。综合实践活动尤其是研究性学习侧重综合探究、运用探究、实际操作性探究，而学科课程侧重单一学科内问题探究、方法探究、原理探究。

在这样的认识基础上，我们可以围绕以下两个方面去定位：

明确综合实践活动不是学科课程的延伸，也不是传统意义上基于学生兴趣和爱好的课外活动。综合实践活动可以延伸至课外，但不是课外活动，它是学生必修的一门课程，有自己的特点和功能，是其他学科所不可替代的。综合实践活动不是其他课程的附庸，而是具有独特功能并相对独立的课程形态，是一种基于学生的直接经验，密切联系学生生活和社会生活，体现对知识综合运用的新课程形态，它是新课程体系的重要组成部分，是新课改中最大的"亮点"。

准确把握综合实践活动课程的内涵外延。综合实践活动课基本理念可以概括为：主张实践性学习，关注学习方式的变革；面向学生完整的生活领域，关注学生现实与未来的需要；以解决问题为中心组织活动，在问题解决的过程中实现其教育的功能；着眼于完善学生的素质结构，努力追求学生独具特色的个性发展；重塑学校文化，推进科学与人文的融合，培植学校创新文化氛围。

　　总之，综合实践活动课程高于学科课程这是不实际的，而认为综合实践活动课程附属于学科课程则是对综合实践活动课程功能的弱化，只有把综合实践活动课程和学科课程并列起来，相辅相成，才是对综合实践活动的准确定位。

节日课程创意参考样本（一）

——实新学校国庆长假亲情作业设计

班级：＿＿＿＿＿＿＿　　姓名：＿＿＿＿＿＿＿

亲爱的同学们：

国庆长假可以全身心放松一下。比如你可以睡睡"懒觉"；可以过一把电视瘾；可以同父母一起去旅游、逛书店、走亲访友；当然还可以帮助爸爸妈妈做一些力所能及的事，以证明自己长大了，有用了！也就是说，想怎么玩就怎么玩，只要自己开心就行！假若能玩出新意来，那才更有趣！

顺祝同学们长假愉快！阖家欢乐！

学校校务处

附实践作业：

一、与爸爸妈妈一道开展"跳绳、踢毽子"等强身健体的家庭阳光体育活动，改变家庭娱乐方式，提高家庭生活质量，提升家庭幸福指数。

二、帮助爸爸（妈妈）改掉一个不良习惯。

你的观察	爸爸（妈妈）不良习惯是：
你的方案	我的计策方案是：
你的行动	我是这样做的：
最后结果	
爸爸（妈妈）感受	

三、我给爸爸（妈妈）洗一次脚（或洗一次衣服）。

告诉爸爸（妈妈）后他的反映	
洗脚（衣服）的过程	
洗脚（衣服）中父（母）子（女）的对话	
你自己的感受体会	

　　四、落实"好孩子小书房计划"（一个学习角、一张书桌、一盏台灯、简易书柜），在此基础上，开展"我和爸爸（妈妈）同读一本书"的亲子阅读活动。

所读书的名称	
读书过程中发生有趣的事	
读后你们怎么交流的	
你还有什么要说的	
综合评价	家长（签字）_____ 2008 年 10 月 5 日

五、把自己这一个月的在校情况向爸爸妈妈汇报一下。让父母分享自己成长的快乐，共同解决自己成长过程中遇到的烦恼。

六、国学经典《弟子规》中的要求你践行的如何？让家长给你一个综合评价。

节日课程创意参考样本（二）

——学校寒假作业套餐

为深入贯彻落实新课改精神，引导学生度过一个愉快而有意义的寒假，全面提升学生的假期生活质量及幸福指数。我校决定对各级学生的寒假作业统一设置，以求达到假期作业学科协调适量、形式新颖开放、突出实践能力、发展课外特长的目的。为此我们特依据当前新课改的有关要求，遵循各科教学特点，为学生科学设置了寒假作业套餐。

低年级

1. 与爸爸妈妈一起观看《春节联欢晚会》，看后，尝试对节目进行评价。

2. 家规是一个家庭所规定的行为规范，与爸爸妈妈一起制定家规，全家人要互相监督，共同遵守。

3. 至少购买并阅读 2 本适合低年级阅读的课外读物（偏重于成语故事、寓言故事、儿童诗等）。

4. 在家长指导下，强化国学经典《三字经》、《中华字经》、"名言警句 20 句"的背诵，复习上学年学的古诗 20 首，坚持练字 10 张。

5. 每天做一件力所能及的孝敬父母的实事（比如扫地、擦灰、洗碗等简单劳动，或给爸爸妈妈讲个笑话）。

6. 在春节期间向你的长辈、老师、同学打一个电话，以表新年祝福。

7. 让家长或他人为自己拍一张年假生活照或录制一盘假期生活 DV，请爸爸妈妈在后面写上一段有纪念意义的话。

选做题：在家长帮助下，尝试写假期日记 4 次。（一年级写一句话，二年级写一段话。）

中年级

1. 与爸爸妈妈一起观看《春节联欢晚会》，看后，尝试对节目进行个性化的评价，能参与《我最喜爱的一个春节节目》评选更好。

2. 家规是一个家庭所规定的行为规范，与爸爸妈妈一起制定家规，全家人要互相监督，共同遵守。

3. 至少购买并阅读 2 本适合中年级学生阅读的课外读物（主要偏重于优美的诗歌散文、儿童文学、浅显的名人传记、科幻小说等）。

4. 在爸爸妈妈的指导下，制定一个花压岁钱的小方案。开学后比一比看谁的压岁钱花的最有意义。

5. 走亲访友、招待客人也有学问。要留心自己假期是怎么做客、待客的，以便开学后与你的同伴交流。问一问你的爷爷奶奶、爸爸妈妈，他们像你这么大的时候是怎么过年的，通过比较你有什么体会、感悟。

6. 在春节期间向你的长辈、老师、同学打一个电话或发一条短信送上新年祝福。每天做一件力所能及的孝敬父母的实事（比如扫地、擦灰、洗碗等简单劳动，或帮妈妈做顿可口的饭菜），把你的孝敬故事写下来。

7. 亲自手工制作一件工艺品。开学后不要忘记带上自己的作品，参加学校举办的手工制作大赛啊！

8. 让家长或他人为自己拍一张寒假生活照或录制一盘假期生活 DV，自己在后面写上一段有纪念意义的话，同时可以传送到学校网站的"假期生活"栏目里。

9. 在家长监督下，强化已经诵读过的国学经典《弟子规》、《笠翁对韵》、《晨起自勉文》、"名言警句 20 句"的背诵，复习上学年学的古诗 20 首；搜集优美歇后语、春节对联、广告词各 3 例。

选做题：收集社会信息课交流素材，尝试写假期日记 2 篇。感兴趣的同学可以自编一本个人作文选，并起一个个性化名字，开学后，参加校级评选。

高年级

1. 与爸爸妈妈一起观看《春节联欢晚会》，看后，尝试对节目进行个性化的评价，参与《我最喜爱的一个春节节目》评选。

2. 国有国法，家有家规。家规是一个家庭所规定的行为规范，与爸爸妈妈一起制定家规，全家人要互相监督，共同遵守。

3. 春节期间向你的长辈、老师、同学打一个电话或发一条短信送上新年祝福。走亲访友、招待客人也有学问。要留心自己假期是怎么做客、待客的，以便开学后与你的同伴交流。

4. 问一问你的爷爷奶奶、爸爸妈妈，他们像你这么大的时候是怎么过年的，通过比较你有什么体会、感悟。

5. 至少购买并阅读 4 本名人传记或短篇小说、历史故事、优美散文。

6. 制定一个花压岁钱的小方案，开学后写一份关于小学生怎样花压岁钱的调查报告。

7. 每天做一件力所能及的孝敬父母的实事，把你做得好的孝敬故事写下来。

8. 让家长或他人为自己拍一张寒假生活照或录制一盘 DV，自己在后面写上一段有纪念意义的话，同时可以传送到学校网站论坛的"假期生活"栏目里。

9. 根据自己的想象和思考，自找材料，单独完成一件手工艺品或模型、科技小发明作品，开学后带着自己的作品参加学校科技节成果展示。

10. 强化已经诵读过的国学经典《论语》、《晨起自勉文》、《夜幕自省文》、"名言警句 20 句"的背诵，复习上学年学的古诗 20 首；在鉴赏基础上背诵古诗词 8～10 首；搜集艺术性较高的春节对联、优美歇后语、广告词各 3 例。

11. 独立完成《寒假作业》。

选做题：收集社会信息交流课素材，尝试写假期日记 3 篇。感兴趣的同学可以自编一本个人作文选，并起一个个性化名字开学后，参加校级评选。

节日课程创意参考样本（三）

——小鬼当家过大年

亲爱的同学们：

怀揣着感恩与幸福，我们在成长和收获中又长大了一岁。盘点过去的一年，我们有太多的收获：诗歌开启黎明、国学陶冶情操、"星级文明学生评选"彰显自信、"道德长跑"规范行为、"QQ币评价"激励成长、"成长档案"牵手同行。在这样的幸福成长中，我们又即将迎来快乐的寒假生活！为了能让同学们的这个寒假过得充实、有意义，我校大队将以"小鬼当家过大年"为主题，开展假期活动！

1. 小鬼当家之喜庆氛围篇

今年过节我当家！为过年添一份喜庆吧！

（1）干干净净迎新年，领导全家大扫除；

（2）红红火火迎新年，布置喜庆氛围；

（3）培植一种植物（白菜花、蒜苗、水仙、豆芽等等），用绿色增添年味、用绿色开启希望！

2. 小鬼当家之吃喝篇

大年三十，喜庆祥和，家家要吃年夜饭。在这个喜庆的日子里，跟自己的长辈学做自己家的年夜饭，开学后跟同学进行交流。有条件的同学可用相机留下这美好的瞬间。

3. 小鬼当家之导演篇

"小鬼小鬼别骄傲,当家的事可不老少。联欢方案你来定,欢乐祥和最重要。"孩子们,读懂上面的顺口溜了吗?请你当一回导演,拿出你的创意,说出你的想法,施展你的才能,把"当家"这件事进行到底,开展一次家庭联欢。

4. 小鬼当家之感恩篇

小鬼们,回首我们所走过的每一个春夏秋冬,有长辈们的呵护与关心,才有我们健康、快乐地成长。又是一个红火年,长辈们用压岁钱送来祝福。我们如何感恩长辈?怎么样,我们也给他们"压岁钱"。用自己的压岁钱给长辈买一双袜子、一副手套或一条围巾……你还可以亲手制作、绘画一张漂亮的祝福卡,一并送给他们,以表我们的感恩之情。

5. 小鬼当家之志愿服务篇

砰——砰——一阵喜庆的鞭炮声过后,呀!小区、街道到处都是鞭炮皮。小鬼们,还等什么?早早起床,唤醒父母,都来做志愿者吧!清扫街道,还一份整洁给我们"家"!这只是志愿服务的一部分,你还有哪些好想法,积极行动起来吧!

6. 小鬼当家之读书篇

虽然自己当家了,可不要放松自己呀!继续我们的读书活动吧!要按要求完成读书任务,陶冶情操、增长智慧!

最后,预祝小鬼们阖家欢乐,平安幸福!

节日课程创意参考样本（四）

——我的"春节"之旅

寒假，我们迎来了中国的传统佳节——龙年春节。神州大地上，家家欢声笑语，户户张灯结彩，年味儿四处飘香：煮饺子、贴春联、放鞭炮、拜大年……同学们，我们行动起来，参与到这个有趣的春节中来吧！

"春节"之旅第一站：备年货

现在我们生活富裕了，家里要啥有啥，可是过年了，总得再备些年货吧，孩子们，你能帮助家长一起买年货吗？货比三家，把你准备的年货清单写下来，算一算一共花了多少钱。别忘了你最喜欢的新衣服！

"春节"之旅第二站：贴春联

节日的气氛真浓啊，家家户户门脸儿上，少不了一副好春联祝愿人寿年丰，大吉大利，万事顺意。你们家准备了吗？赶快给爸爸妈妈出出主意，该贴什么春联呢？请你找十条，让家长选择，要是你能帮忙写就更好了。请你算一算买春联、窗花一共花了多少钱，算一算春联的总面积，估计大小是否合适吧。

"春节"之旅第三站：过除夕

大年三十吃年夜饭是中华民族的传统，一家人围坐一起乐呵呵，免不了喝点酒，话家常，叙亲情……那么我们一家三代人各自说说十二三岁那年的春节怎样？请记录爷爷奶奶、外公或外婆的回忆，爸爸妈妈的回忆……

"春节"之旅第四站：拜大年

春节走亲访友，爸爸妈妈的亲戚多，朋友也多，你也有自己的朋友要走访，该怎么安排呢？把你们一家拟好的计划写下来吧，也可以列张表格哦！要走亲访友少不了交通工具，请你根据路程和速度，估计下多少时间可以到达亲友家？算算你一共买了多少礼物，花了多少钱，请把你的算法写下来。

"春节"之旅第五站：压岁钱

这个春节，收了不少压岁钱吧？赶快把自己的压岁钱统计一下，看看自己是不是个小财神了？打算把这些压岁钱怎么处理呢，能说说你的计划吗？请你调查银行利息，如果存入银行的话，到明年你一共能领回多少钱？请把过程写出来。

"春节"之旅第六站：贺新年

"爆竹声中一岁除，春风送暖入屠苏。"辞旧迎新之时，我们又大了一岁，一定有很多新年愿望给自己，那你有什么祝福要送给亲朋好友和老师吗？给小伙伴和老师发个创意短信息吧，请把短信内容写下来。（别忘了你所学过的英语祝福语）

"春节"之旅第七站：终点站

"春节"之旅很快结束了，希望此次快乐之旅，丰富了你们的生活见识，带给你们的是快乐和享受。让我们的爸爸妈妈也参与到此次综合实践活动中来，请他们来评价一下此次活动。

看了家长对你此次活动的综合评价，你对自己的表现有何评价？也一定有很多话想说，请写下来，别忘了也工整地签下自己的名字。回来我们要评奖的哦。

节日课程创意参考样本（五）

——一朵七色花，快乐度寒假

亲爱的少先队员们：

结束了一学期忙碌的学习生活，我们迎来了盼望已久的寒假。为了让大家过一个安全、丰富、祥和的新春，教导处与大队部将联合开展"一朵七色花，快乐度寒假"的主题实践活动。不同年级的少先队员要按照本年级的要求完成相应的实践活动，并将活动的点点滴滴写成一本书。

红色花瓣——爱心行动

行动口号：你献真情我献爱，世界需要热心肠！

做个小义工，组织几个同学，义务维护社区卫生，如打扫楼梯、清扫鞭炮屑、清洁健身器材等，或到居委会帮忙，做力所能及的事。和父母一起慰问社区低保家庭，献一份爱心给需要帮助的人。生活中，随时随地奉献爱心，做个爱心天使，帮助别人，快乐自己。

蓝色花瓣——智慧行动

行动口号：勤奋自学能力强，掌握知识宽又广！

完成各科布置的作业；养成关心时政、国家大事的好习惯，坚持收看《新闻联播》等节目；收看有教育意义的电视节目，如《百科讲坛》《探索发现》等；和家人一起逛书店，选一本自己喜欢的书，写读书笔记，摘抄美词佳句。开学后向读书俱乐部推荐一本好书，学校将扩大藏书量。

黄色花瓣——民俗行动

行动口号：春节民俗特别多，动手动脑来搜集！

了解搜集春节传统习俗，如扫房子、贴春联、年夜饭、压岁钱等。同学们把看到的好的春联和手机拜年信息摘录下来，自己也可以试编；将自家年夜餐桌上的菜肴拍下来，并将品尝后的感受写下来，制成精美的"我家的年夜饭"册子。"春晚"是除夕夜不可少的节目，把你喜欢的春晚节目记录下来，并做一个"我来评春晚"的栏目。

紫色花瓣——独立行动

行动口号：自己事情自己做，自我服务快乐多！

学做家务事是锻炼独立能力的好方法。在寒假里，下厨房当妈妈的小帮手，学包饺子、学擀饺子皮、学做一两样家常菜，过年时给亲友露一手，不要忘了将你的拿手好菜拍下来；掌握一些家庭生活常识、技巧；学会洗衣、叠衣；自己整理书包，整理书柜，收拾房间。

绿色花瓣——健康行动

假期不要忘了体育锻炼，叫上家人，约上几个伙伴在假期学会一项体育运动，将运动的场面用照片或文字记录下来。建个"文明储蓄本"，像银行存款一样，把自己做的文明事"存"到储蓄本里。如打扫楼梯、帮邻居倒垃圾等，写清时间，写出感受。和家人一起"储蓄文明"，积累一个寒假，让你的家庭感受文明、践行文明。

橙色花瓣——感恩行动

行动口号：感恩孩子家家有，中华美德代代传！

选择一天或几天，和父母互换角色，由你当家，让父母享受你的照顾。体验父母的辛苦，感受做家长的酸甜苦辣，锻炼理财能力。当家期间，安排家庭成员作息、费用支出、做家务等，真正做个"当家人"。春节期间，通过电话、信息、电子邮件等形式，给亲友、师长送上祝福与感激的话语，中高年级同学可以用英语来拜年。

青色花瓣——探索行动

行动口号：走向社会勤实践，挑战自我快成才！

陪父母上一天班，感受不同行业的工作特点，体验父母工作的辛苦。参观博物馆、科技馆、逛庙会，体验城市大变化。登录中国文明网，给祖国母亲拜大年。把你的探索行动记录到你即将"出版"的书上。

队员们，积极行动起来，围绕七色花瓣开展实践活动，将点点滴滴记录下来，设计成一本书，自己起书名、定作者、编目录、配图画。在书的最后，写上自己的收获和体会，并由家长写出评价。在虎年春节里，"出版"一本属于你自己的书。

最后，祝大家新春快乐。阖家幸福！

第五篇

教学管理

读说写一体化课型创意策划

一、创意背景

笔者在观摩中小学语文高效课堂中，发现许多学校有如下问题：一是阅读问题的设计偏重于"课文写了什么"，忽视了"课文是怎么写的"，导致语文课缺少语文味。二是读写分离，导致学生积累的词语、句子只会运用到默写考试中，习作语言干瘪；阅读理解、阅读积累转化不成写作能力；不会对写作知识进行解读、重构、修改，更谈不上运用。读说写缺少整合，没构成外化（读是信息的输入，是知识的简单外化）——内化（是对知识的消化与顺应，是对知识的个性化建构，是知识的重新编码）——外化（说与写是新知识输出，是对知识的运用、创造）链条。另外笔者还发现高效阅读、高效写作、高效表达仅仅作为学生学习语文辅助工具零散在课堂中被使用，远没有达到助推高效课堂之功效。

另外，专业阅读让我产生了灵感，找到了依据。南宋史蒙卿说："读书如销铜，聚铜入炉，大鞴扇之，不销不止，极用费力。作文如铸器，铜既销矣，随模铸器，一冶即成，只要识模，全不费力。所谓劳于读书，逸于作文此也。"现代教育家叶圣陶先生如是说："阅读是由外往内的'吸收'，写作是由内往外的'发表'，二者是'积蓄'与'倾吐'的关系。"叶老也说："语文教材无非是个例子，凭这个例子要使学生能够举一反三，练习阅读和写作的熟练技巧。"我们的语文教学，就是要以各篇课文作范例，树立读写一体化的教学观，引导学生通过不断的读写实践逐步实现读写的一体化。

可见，语文课要把儿童语言发展放在首位，凸显阅读方法的学习过程，构建适合语文学习的课型，探索结构化的语文课程内容。鉴于此，笔者与封丘实新学校一线教师共同研发了高效课堂背景下的语文读说写一体化新课型。

二、课型基本结构

读说写一体化课型的基本流程：

（一）引导学生读通、读懂、读出感悟。

1. 针对朗读难点，借助朗读符号，进行有效朗读指导。

比如默读的要求：不发声读，不动嘴唇；不用手指着读；要边读边思考，注意做到眼到、心到；要注意速度。快读的方法：专注、有节奏地快读。朗读的技巧：读文章时，除了正确、流利地朗读外，还要字正腔圆、抑扬顿挫、注意轻重缓急。找文章的感情基调需注意：关键要看作者想要表达什么样的感情，如：欢快、忧愁、寂寞、伤感、恬淡、闲适、激愤、思念。朗读符号："｜"一般停顿，"."重读号，"※"快，"⊙"慢，"↑"升调，"↓"降调，"↗"上扬曲调，"↘"下降曲调，"⌢"颤音，"¨"声音拉长，"▽"顿音。

2. 围绕"课文写了什么"与"课文是怎么写的"引导学生进行探究。

让学生能够"读懂""懂读"。

首先要"读懂"。让学生在学习课文时反复吟咏，了解文章写了些什么，从中获得哪些感悟（知识、信息等）。其次让学生"懂读"，即懂得读文章的路子和方法，如文章是怎样写的和为什么这样写，让学生进一步明确文章的中心思想和教育意义以及写作特色等。这样读，就自然地把写带起来了。否则，若带不动写，写与读脱节，就不能达到读中知写的效果。所以，要实现读写的一体化关键是立体的全方位阅读，即写了什么（内容、情感、主题等）——怎样写的（布局谋篇、语言运用等）——为什么要写（写作背景、意图等）——写得怎样（评价、赏析等）。

（二）让学生把自己的阅读积累、感悟尤其是阅读对自己写作的启示说出来与同伴分享。

让学生与同伴分享自己积累的好词、好句、好段，说出好在什么地方或举例说明如何运用。角度可以灵活，如：从书中找语段——我所喜欢的写景的句子或段落；这个句子或段落使我产生的感想或我的仿写。从书中找描写——正面与侧面相结合例子；动与静相结合的例子；虚与实结合的例子；远与近的结合例子；细节手法的例子。从书中谈主角；从书中说自己。

（三）指导学生将感悟出的写作方法运用到提高自己的习作中。

具体可以分为两个步骤：

1. 写作：学生通过对典型文本的分析提取写作技法。"写"是技法实践运用，即针对技法，围绕"微点"题材，开展实践运用训练。"微点作文"课堂的练习包含两个方面：一是分段小练；二是综合练笔。

2. 分享：采取小组、跨组、班级三级分享机制。

（四）从"读说写"走向"写说读"。

指导学生根据文章有关内容和章法的特点进行以写促读，写中带读。学生带着写作的任务去回读文本，目的性更明确，也更能引发学生的探究热情，从而加速自己的阅读及"玩味"文本的真正内涵，以最快速度领悟作品的内容或艺术特色并习得文章的写作的技巧、规律。

三、课型运行建议

1. 高效阅读、高效口头表达、高效写作三种工具要与语文教材有机渗透、融合，科学安排一节课中读说写的时间。

2. 语文课要从原来偏重语言输入转向以输出倒推高效输入。

3. 要通过各种方法强化学生读写一体化的意识，使每个学生都明确地意识到要：以读带写，先说后写，读中学写；以写促读，写中带读；亦读亦写，联读悟写。

4. 教师要树立整体课程意识，在对学科教材与课标、单元内容与单元要求、篇章内容与篇章要求的三级对应解读基础上，整体地科学地编制学段、级段说写训练体系，克服说写内容盲目性。

5. 该课型可拓展到课外阅读，尤其是整本书的阅读。

读说写一体化导学案样本

主备：王宝秀	审核：王红顺	编号：SXWZZ006	备课时间：2014 年 5 月 4 日
班级：	姓名：	使用时间：	
课题：怎样把文章写具体、生动		课型：合学＋展示课	
本周习惯：学会倾听、学会表达		每日一言：写作、训练、思考，增长智慧，让我永远成长。—金波	

| 学习目标 | 1. 找感情基调、标注朗读符号，练习有感情地朗读小片段。
2. 在默读、朗读的基础上，提炼、概括段落大意，选择合适视角，说出文章是怎样写得具体生动的？并能说出这样写的好处。
3. 将读写阶段感悟到的写作方法，尝试运用到习作修改中。 | 解读目标 | 1. 这节课是围绕"片段怎么读""片段写了什么""片段是怎样写的""这种方法怎么用"四个视角来构建学习目标的。
2. 重点是借助读与说中感悟到的写作方法，进行仿写训练。 |

（续表）

学习活动 （学习内容＋学习流程＋ 学习时间）	学习方法	知识链接
模块之一： 我是朗读小明星 自学环节： 默读附录材料 1—4，根据节拍、音乐、快读标注进行快速默读。读中感悟 4 段材料的感情基调。 合学环节： 重点练习材料 3 的朗读。材料 3 的感情基调是什么？带着对感情基调的感悟，借助朗读符号、有感情朗读文章的技巧进行朗读。 展示环节： 学生派代表进行朗读展示。	学法指导一： 1. 默读的要求是什么？ 2. 快速阅读的技巧是什么？ 3. 案例 3 的感情基调是什么？ 4. 怎样才能做到有感情朗读？ 5. 排比句怎样读？ 朗读是练出来的，思考上面四个问题后将文章读出韵味。 温馨提示： 1. 独学的步骤：读（学案、课本）与画——思与记——做——标疑惑；独学的方法：裸学——助学——记学——量学。 2. 对学的步骤：分享——求教——讨论——结论或疑惑。方法：对议（共同商议）——对抗（争议问题辩论明晰）——对问——对查。 3. 群学的步骤：帮学（C—B—A 帮学）——合学——研学——提出班级讨论问题。群学要解决共性问题，发现新问题、探究新问题。	1. 默读的要求： 默读片段，不发声读，不动嘴唇；不用手指着读；要边读边思考，注意做到眼到、心到；要注意速度。 2. 快读的方法： 专注、有节奏地快读。 3. 朗读的技巧： 读文章时，除了正确、流利地朗读外，还要字正腔圆、抑扬顿挫、注意轻重缓急。 4. 找文章的感情基调需注意： 关键要看作者通过表达文章的感情，如：欢快、忧愁、寂寞、伤感、恬淡、闲适、激愤、思念。 5. 排比句可以这样读： 抓住词语的感情色彩、把握感情基调，逐步加强语气、增强气势。例： 春天｜像刚落地的↗娃娃，↑从头到脚｜都是新的，它｜生长着。春天｜像↑小姑娘，↗花枝招展的，↘笑着，↘走着。春天｜像健壮的↗青年，有铁一般的胳膊｜和腰脚，他领着我们↑上前去。 注："｜"一般停顿，"·"重读号，"※"快，"⊙"慢，"↑"升调，"↓"降调，"↗"上扬曲调，"↘"下降曲调，"⌢"颤音，"⌒"声音拉长，"▽"顿音（短促有力，富有弹跳性）等。

（续表）

学习活动 （学习内容＋学习流程＋学习时间）	学习方法	知识链接
模块之二： 我笔抒我情 借助自己在读的过程中的感悟，找出把文章写具体、生动的方法，并运用其中一种把练习文章写具体。 自学环节： 独立修改本小组所分任务。 合学环节： 小组交流修改后的作品。 展示环节： 原句：上课时间快到了，小明找不到自己的试卷，他很着急。 修改采用的方法： _____ _____。 修改后的结果是： _____ _____。	学法指导二： 1. 小明找卷子的核心动词是什么？怎样对核心动词进行拆分？ 2. 怎样给小明找卷子事件选择换时、换位、换情的点？ 3. 小明找卷子文段中哪里适合设置矛盾？ 4. 小明找卷子片段可以选择从哪些方面感知？	1. 主题动词可拆分出：“低头、弯腰、翻、俯身、拿出”等动词。 2. 可以按照小明在老师没有进教室之前的表现和老师进教室之后的表现进行多角度的换时、换位、换情。 3. 可以按照这些线索来思考： （1）小明找试卷——小明不找试卷——小明又找试卷； （2）小明着急——小明不着急——小明又开始着急； （3）小明翻桌斗——小明不翻桌斗——小明又翻桌斗。 4. 可以从视觉、听觉、味觉、嗅觉、触觉方面感知小明找卷子时的表情、声音、动作等。
总结拓展 读书笔记设计方法	课外阅读笔记设计 		摘录	赏析	仿写仿用
---	---	---	---
词语			
句子			
段落			
结构					读书笔记设计解读： 读书笔记分为三个模块：摘录、赏析和仿写仿用。 1. 摘录是指：把你认为优美的词语、句子、段落、结构等进行摘录。 2. 赏析是指：选择一个角度，对摘录内容进行评价，并能说出它好在哪里。 3. 仿写仿用是指：针对摘录的内容思考它可以用在哪里、怎样仿写？并进行仿写与仿用。
达标检测	综合运用把文章写具体、生动的方法，修改“上课快到了，小明找不到自己的试卷，他很着急”。	

数学阅读课课型的创意和策划

一、创意背景

由于数学语言形式的多样性（包含文字、符号、图形等多种形式）以及数学知识的抽象性等特点，数学阅读并不像语文那样通俗易懂且富有故事性和趣味性。数学阅读更需要学生勤思多想，对每一个字、词、符号与图形的含义以及它们之间的关系都要认真思考、仔细阅读，方能准确、全面地理解。

"数学教学也就是数学语言的教学"，数学阅读是掌握数学语言的前提，是顺利、有成效地进行数学学习活动的基础之一。通过数学阅读，学生可以逐步领悟数学语言，培养数学能力，提升数学素养。

二、课型的基本结构

（一）读懂教材的编写结构

数学章节教材犹如一篇篇说明文，主要采用如举例子、打比方、列数字、作比较、画图表、作引用等说明方法来建构学科知识体系。数学教材编排可以视作是这样的：有 a_1、a_2、a_3 一直到 a_n 的学习内容，课本多借助前三个 a 形成一个 A，即通过列举以往生活经验中的三个例子来概括总结出一个上位知识（规律）A，然后借助于这个 A 再去了解下一个新知识。学习一个概念定理即上位知识 A 之前，总是列举 n 个下位 a 的知识为基础。当学习者掌握了上位知识 A 后，还要练习逐步实现可以自己派生出 a_n. 这样才能算是完全掌握了 A。

数学阅读可以采取总分总阅读图式：以目录为纲，借助数学阅读图式，和高效阅读技巧快速通览全书；利用思维导图，对书中知识进行细化整理；利用冥想，对知识进行三维立体成像，熟练记忆思维导图，并能对导图进行宣讲，确保阅读深度、广度和厚度。

（二）读懂课标对本单元知识点的达标要求

阅读课标不是教师的专利，学生要借助课标搞清楚本单元知识点的达标要求。而对于举例子、做阐释、下定义等数学概念，依据课本用常规字、局部黑体字、全部黑体字进行区别。阅读时要明确举例子只要求知道是什么；做阐释要求不但知是什么，而且要明白为什么；下定义要求更高，知道是什么、为什么，还要能在新情景中会运用。

数学阅读基本原则：重视语句中的思维逻辑主线，重视从烦冗的语言中提取有用的信息；数学阅读要求体会文章中文字表达的准确性和严谨性，客观地把握语句中呈现出的现象和情景；阅读的过程实际上是建模的过程。在阅读理解文章逻辑体系和知识结构的基础上，建构与自己知识库契合的接口模型。重视数学概念方面阅读、图形的阅读、数据方面的阅读的指导。

（三）读懂相关概念、定理的本质

1. 初期构建导读提纲，预设阅读探索度。有价值的、简约的导读提纲，是课堂"数学阅读"的前提，它可以使学生在数学阅读前了解读什么，怎么去读？即对阅读的内容、目的、方法有基本的了解、尝试和期待。

有价值的导读提纲除了能"导读"以外，还应具备以下功能：导思——要有利于学生用多元的思维方式参与数学阅读；导行——要提示学生在阅读中整合尝试、活动、操作、实验等多种学习方式；导练——要有利于学生及时将阅读成果进行初步尝试、应用；导创——要营造宽松多层的导读空间，让不同的学生在数学阅读中创生出不同的数学智慧。

2. 探究通用阅读方法、专题阅读方法，提高阅读效率。

（1）通用阅读步骤：

化：习惯把抽象的内容转化为具体的或不那么抽象的内容，结合自己的理解进行符号语言（图式语言）与文字语言的转化。

思：阅读内容编排的思路是什么？定理的得出是否还有其他的推导方法？数学条件是否可以减弱？数学结论是否可以推广？是否能举一些反例、变式来加深理解……

品：对每个句子、每个名词术语、每个图表都应细致地阅读分析，品读每个数学术语和每个数学符号的精确含义。

串：新知识是怎样引进的？与旧知识有什么联系？将数学阅读内容与以前学过的知识串联起来构建网络结构。

写：借助纸笔演算推理完成省略的数学推理和证明过程。及时将数学阅读中概括归纳出的观点，如数学思路、思考方法、知识结构框图等记录下来。

（2）专题阅读方法：

如表征数学题的问题中心图示法。例："直线 $Y=3X+b$ 与两中标轴所围成的三角形的面积为 6，则 $b=?$"阅读要达到三个层次：读出陈述性知识——一次函数表达通式、一次函数的图像特点、三角形的面积公式。读出潜在的程序性知识——如果出现一个函数解析式，那么就要想到相关的图形，如果找到对应的三角形就列出三角形面积表达式。读出更高层级的策略性知识：如果在解题过程中没有解题思路，那么就要学会将已知条件转化为可利用条件。

（四）读出规律、读出智慧

引导学生带着研究的心态读书。如例题阅读程序，采取三遍阅读法：第一遍要读题，把题目中的信息进行转化，把第一步转化的信息进行加工整理，已知求证不断联系，直到打通思路；把第二步求解的过程条理清晰、规范认真地整理到答卷上。第二遍总结步骤，梳理思路。第三遍启动元认知，怎么想的，是否有其他思路。

数学阅读要让学生掌握：建立在自我意识发展基础上的"能读"；建立在学生具有内在动机基础上的"想读"；建立在学生掌握了一定的阅读策略、阅读评价基础上的"会读"；建立在学生意志努力基础上的"坚持读"。从"想读"到"读好"，需要学生具有良好的阅读技能和意志品质。

三、课型运行建议

1. 不妨采取跨界形式。开学初让语文教师上一至两节数学阅读课，把数学一章节内容作为一篇说明文来解读分析，引领学生明晰教材编排结构；同时借助"加一加、换一换、去一去、扩句、缩句、仿句、改同意句、找中心词"等分析句段方法，让学生明白概念、定义、定理、公式的本质、内涵与外延，进一步明确数学阅读重要性。

2. 数学阅读课可采取集中与渗透相结合。集中指的是每期安排一定专题时间；渗透指的是平时高效课堂导学案编制、流程的设计要渗透数学阅读理念、思想、方法、策略。

3. 借助自学环节完成文本的基本阅读。

4. 树立数学大阅读观，广泛进行数学课外阅读，建立深厚的智力背景。大脑中的数学分析能力是熟练的，才能利用原有知识多维度对接新知识，才能充分理解背后丰富含意。

5. 此课型可推广到所有理科学科。

高效课堂教师评价样本

评价的真正内涵，是指从特定的目的出发，根据一定的标准，通过特定的程序，对已经完成或正在从事的工作进行检测，从而对工作质量做出合理的判断。因此高效课堂师生评价目的，要从传统的甄别、鉴定、评判功能转向诊断、促进、发展的新功能，而且通过评价要评出一种精神，评出一种导向。另外，评价不仅仅在于解决课堂的问题，而更在于重新构建学校的一种民主、向上、求真的新文化。可见课堂评价是为了激励师生更好的发展，评价是武器，评价是导向，评价是引领。优质的评价是催生人才的助产师，劣质的评价是扼杀师生智慧的刽子手。

因学校实施高效课堂存在初期、中期、后期三个阶段，各校高效课堂存在阶段差异，再加上高效课堂已从课堂概念进化提升到教学、教育、文化概念，这就要求对高效课堂师生评价要用动态、科学、可持续理念制定评价方案。

笔者在高效课堂师生评价方面的观点是：初期放大评价，中期变化评价，后期逐步评价。初期放大评价的含义是：要把评价作为指挥棒，要什么、评什么，缺什么、评什么，评什么就有什么；要特别重视评价，要堂堂评、日日评、周周评、月月评，评价要构成链条，起到累计效应。中期变化评价的出发点是：没有任何一种评价是万能的，师生对评价总是"喜新厌旧"，变化的目的旨在改变师生从对初期评价的好奇、重视、分分计较到现在无所谓、厌倦、麻木的心态，破解师生课改进行一段时间后的疲惫问题。后期淡化评价是让文化在制度评价不到的地方起作用，实现主要从靠外部评价驱动转向以精神、信仰的内驱动方向发展。

教师评价样本

1. 高效课堂初期观课表

观课时间		观课班级		授课人		所授学科	
所授课题					所授课型		
导学案设计（20分）	学习流程						
	课件、学具的制作、使用						

（续表）

课堂教学流程简摘				
自（独）学（5分）				
合学（10分）	对学			
	群学			
展示与点评（15分）	展示（欣赏、倾听）	组内展示	跨组展示	班级展示
	点评	形式点评：（站姿、声音等）		
		内容点评：		
教师点拨（15分）		点拨时机：		
		点拨质量：		
拓展提升（10分）		拓展形式：		
		拓展必要性：		
教师知识盘点（10分）		1. 系统性总结		2. 内隐性总结（自创易记）
反馈检测（5分）		题量大小、试题分层次：		
各环节时间分配（5分）				
教学效果（5分）				
你对本节课的评价发言稿	优点			
	不足			
	建议			

2. 高效课堂示范课评价统计

该校对教师执教的优质课评价采取了"业务素质测查（10％）＋教学设计与实施（40％）＋效果监测（50％）"三者综合评估。

专家组可以对参赛教师业务素质及高效课堂新理念学习情况进行统一测查，占评价权重的10％，用S素表示。

教学设计与实施，即课堂行为评价，可以以相等权重（20％）由专家评委组与学生评委组分别进行评判，然后进行汇总，用S课表示。S课＝S专＋S生。

专家组可以对教师教学"三维目标"落实情况，向学生进行现场测查，测查成绩占权重的50％。可以用S果表示。

参评教师总成绩：S总＝S素＋S课＋S果。

传统的公开课评价的内容、标准、主体、重心都存在许多可质疑的地方。比如评价主体评委垄断，真正评价主角学生被遗忘，"表演课、作秀课"已成为公开课的代名词，教师"一课成名"司空见惯。

学生在课堂教学中的表现应成为课堂教学评价的主要内容，公开课的评价重心应从"教师是怎么'教'的"转化为"学生是怎么'学'的"，即从"以教为主，学为教服务"的理念变为"以学为主，教为了促进学"的新理念。

这种"既重过程，又重结果；既考虑教师整体素质，又兼顾教师课堂发挥；既尊重专家组意见又接纳学生建议"的综合评估法，实现了促进学生发展和教师专业成长的双重功能，同时改变教师的备课方式，改变教师对教学素养的认识。

3. 后期评价——采用教师成长档案袋评价

设置教师成长档案袋。装入档案袋的主要材料有：参加高效课堂通识培训、学科培训情况；参加思维导图、高效读写、微课程制作等专项培训情况；参加专题讲座或举办专题讲座情况；参与校本教研及高效课堂课题研究情况，参与新课程开发与研究性学习情况，撰写与高效课堂有关读书笔记、教学反思日记，发表论文、论著情况；设计的优秀导学案、微课程；辅导学生参与研究性学习和科技创新大赛获奖情况；与课改精神吻合的有代表性的优秀命题试卷；能显示自己教学成果的学生作品；学生、教师本人、教研组、学校、家长等的评价等。对于以上材料收集可因校、因年级不同而有所增删。材料的收集整理一般为一学期一次。

教师对自己不同时期档案进行比较，能看到自己真实的成长过程。通过反思自己的成长过程，可以进一步明确自己的"最近发展区"，定位自己的努力方向。学校通过研究教师的课改档案可以发现教师成长规律，查找课改中的共性问题；大大加强了对教师常规工作过程的把握，加快了教师专业化发展的步伐。

高效课堂学生评价样本

一、学生评价维度（评什么）

1. 初期评价侧重点：一评小组理念、制度、环境、行为文化建设及巡展；二评角色扮演、合作意识、团队意识、团队凝聚力；三评独学、对学、群学、展示、点评等高效课堂流程的熟练程度；四评学生板书速度、美观度；五评课堂规则、学习常规养成；六评导学案使用、整理、保存；七评纠错本、双色笔、文件夹等学具使用。

2. 中期评价的侧重点：关注六个提升。课堂展示从读答案、背答案到用自己的话解释答案、艺术地呈现答案；点评从外在形式、内容点评到归纳、质疑、补充、联想、创新；从解决教师预设问题到自己或小组提出、发现有价值问题；从依据教师提供方法解决问题到自己探究方法自主解决问题；从偏重传承知识过渡到传承与创新知识并重；从单纯课堂消费者走向课堂贡献者。

3. 后期评价的侧重点：从课堂自学走向真正的自主学习（学习目标自己制定、学习方法自己选择、学习时间自己安排、学习效果自己测评）；借助思维导图、高效读写找到适合自己的一套学习方法；建构、明晰各学科学习流程；发现学科魅力，找到精神支柱，实现学习动力转型；研究自己感兴趣的真实社会、生活中的问题，并有自己或小组研究性学习的课题成果；怀揣梦想，为实现梦想持之以恒努力。

二、学生评价误区

目前在学生评价中存在几个误区：重结果的评价，轻过程的评价；重教师评价，轻自我评价；重知识的评价，轻合作意识、团队精神、人格品格等人文素养的评价；重浅层次的外部激励评价，轻学习内驱力引发评价；重团队（小组）的评价，轻小组内互相的个人评价。

三、评价案例分享

（一）小组和个人评价方案——封丘实新学校

评价是激励、评价是引领、评价是高效课堂的法宝。要使课堂上学生能长期保持"善于交流，勇于展示，敢于质疑"的积极状态，就必须要做好评价工作。

1. 评价原则（怎样评）

（1）整体性原则：纪律、卫生、学习、习惯综合考评。

（2）递进式原则：日、周、月、期评价构成链条。

（3）多元性原则：确定学生在评价体系中的位置，做到学生自评和教师评价相结合。

（4）全面性原则：既要注意学生学业的发展，又要注重学生在情感、态度、兴趣、能力、合作等方面的发展。

2. 小组和个人评价的分工（谁来评）

小组学科积分由任课教师评价，学科代表汇总；小组综合考评由班主任评价，班长汇总。

个人积分由学科代表和行政管理组长评价和汇总。

3. 学习小组评价细则（怎么评）

（1）学习小组内成员评价标准与要求

①课前准备：

课前准备充分，桌面物品摆放整齐，静静等待上课，完成较好得 2

分，一般得 1 分。

②课堂表现：

代表小组发言或者展示为小组获得加分的学生，个人获得与小组同样的分数；课堂由老师提出表扬或者完成教师布置任务，教师让加分的予以加分。

③课堂检测：

在课堂的反馈检测环节，根据书写、完成情况酌情加 3 分、2 分、1 分；每堂课学习小组活动完毕后，由小组长负责组织大家进行自评和互评，并记录在"高效课堂个人评价积分表"中。

④餐厅、寝室：

进餐时路队整齐，背诵古诗词、唱歌的声音洪亮，并能做到饭前洗手得 1 分；能够在规定的时间内洗漱完毕到寝室休息，不大声喧哗得 1 分。

⑤课间操：

集合时做到快静齐，做操时动作到位并且没有说话打闹现象得 1 分。

⑥卫生状况：

穿戴整齐，桌面及周边整齐干净得 1 分。

(2) 小组评价标准与要求

①自学：各成员能认真自主学习，课堂发言积极，根据情况加 1～2 分。

②合作：小组遵守课堂纪律，各成员能和其他组员共同合作学习，较好参与课堂活动，团结合作，酌情加 1～3 分。

③展示：优秀学生展示得 1 分，小组轮流展示得 2 分，由学习成绩较落后的成员展示得 3 分。

④倾听与点评：能够认真倾听其他小组成员发言，对同学发言进行点评，点评时用词恰当、语言流畅，并敢提出疑问和不同见解，还能进

行正确的解答和评析，酌情加 2~5 分。

（3）评价链条的构建

①各班每小周进行一次小结，每两周进行一次总结，每个月进行一次大总结，把得分情况进行公布。凡累计获得语数英单科两个第一名的为铜星小组、4 个第一名的为银星小组，6 个第一名的为金星小组。

②每个学期学校将评选出校级优秀的铜星小组、银星小组、金星小组，进行统一表彰。评定方法同月总结。

③除了对小组的总评之外，在学期末学校将在金星小组中评选出金星个人奖，由学校统一进行表彰。

（二）个人晋级评价——山西省晋城市泽州一中

为了让学生在课堂上积极质疑、展示、合作探究，学校实行学生课堂晋级 12 级制。即：高一，婴儿、幼儿、小学、初中；高二，高中、大专、学士、硕士；高三，博士、博士后、院士、诺贝尔奖。

每班每日由一个学簇（即小组）担任值日工作，对其他 8 个学簇一天的课堂学习情况进行考核，各班根据每天值日学簇评价情况，进行周汇总。同时，班委对一周内所有的值日学簇进行监管和等级考核评价。学簇内成员的考核等级和学簇等级捆绑。A 簇成员全部得 A，B 簇成员全部得 B，依次类推。簇内成员月等级积分 A—4 分，B—3 分，C—2 分，D—1 分。如果学生被评为"展示之星""质疑之星""评价之星""学道应用之星"等"七星"，每一项加 1 分，获得相应称号的学生照片将在校园的相应位置进行展示。

学生满 10 分晋一级，每完成一次晋级，晋级结果会公示。学生晋级积分累加，晋级后剩余的积分可以计入下一级晋级使用。学生的晋级记入学生综合素质发展报告，并与学生的省级三好学生、市级三好学生、学习标兵等评价挂钩。

（三）小组捆绑评价——湖南省株洲市景弘中学

除了对组的常规、文化、活动等方面进行评价外，学校在小组内设置了"ABC学习共同体"，即微小组，微小组由分属于ABC三个层级的3位学生组成。小组由教师或值日班长直接评价，微小组由学习小组长或值日组长来评价。评价内容不仅包含课堂上组员独学、对学、展示，还包括课下组员们每天的活动，如每天是否召开小组研讨会、小组活动会、每日反思会等。

学校设置10个小组级别：一级，见习斗士；二级，初级斗士；三级，中级斗士；四级，高级斗士；五级，青铜勇者；六级，白银勇者；七级，黄金勇者；八级，大地勇者；九级，天空勇者；十级，神勇之皇。

每周分年级对小组排名，各年级排名前三分之一的小组为优秀学习小组，并给予表扬。连续两周排名位居年级前50%的组，可晋升一级。每个年级的所有小组都有一个汇总评价板，每两周更新一次。最终获得"神勇之皇"之称的小组，学校会给小组及个人颁发荣誉证书、奖状，以及奖品，并组织小组成员进行其他社会实践活动。

（四）课内外整合全面评价——QQ币评价

在许多课堂评价体系中，节、日、周、月、学期、年度评价构不成评价链条，且学科教师各管一段，各自出台自己的评价体系，缺少系统整合。这样就产生了如下弊端：一是评价的时效性不够强；二是评价形不成合力，无法实现"1＋1＞2"的增值效应；三是学生的阶段性表现不直观，无法直接感悟到自己成长的印迹，荣誉没有构成阶梯式晋级链条，起不到累积激励的效应。

为了破解上述难题，笔者将网络游戏中的积分、晋级、QQ币等吸引玩家的一系列动力机制，移植到了中小学生的课堂评价体系中，研发出适合中小学校的"QQ币课堂评价体系"学具——学科QQ币。即对学生的日常课堂评价以"看得见、摸得着"的直观的、物化的、便于纵横比较的形式——学科 QQ 币形式呈现，在此基础上，建立学生乐于接受的、有较强刺激性的、体系完备的 QQ 币评价系统。学科 QQ 币依据学生的课堂表现、完成作业情况、学科知识的实践应用、学业成绩，由教研组长委托学科教师统一考核发放。其面值为 1QQ 币、2QQ 币、5QQ 币、10QQ 币、20QQ 币，可以在校园里流通、消费。

需要说明的是，学校要出台明晰的、简便易操作的《学科 QQ 币评价体系实施纲要》，对学科 QQ 币的发放比例、发放标准及使用规则等关键问题做出明确界定。例如：对学生同样的表现，要避免不同学科教师、同一学科不同教师之间发放标准与尺度不统一的问题；学校可以统筹规划、建设、经营 QQ 超市、QQ 交流市场、QQ 花圃、QQ 农场、QQ 养殖场等，引导学生合理消费、理性消费，走出用 QQ 币单纯进行物质消费的误区，提倡进行高层次的精神消费、有意义的团体消费、孝敬长辈的爱心消费；严禁 QQ 币与人民币之间的等值换算；班主任为学生统一办理 QQ 币存折，班级墙壁上张贴《班级 QQ 币财富榜》，等等。

合作学习中分组形式的创新

分组是实施合作学习的前提和基础。体验性、探究性的综合实践活动、研究性学习与传承知识为主的学科合作学习，分组形式应有所不同。在学科教学中年级不同、学科不同、课型不同、学情不同，分组的形式也应不同。另外合作学习中的分组形式也可拓展到家庭之间的"拼养教育"。为此，在传统合作学习分组形式的基础上，笔者借鉴、探索、总结了适合校内外各种学情的十种新的分组形式。

1. 学习素质分组

分组方法：首先要对学生的"学习素质"进行问卷调查。主要从学生的思维类型、认知倾向、学习快乐度三方面入手，了解学生的基本状况。如人的思维一般分为分析型、总体把握型和均衡型；认知倾向性主要分为视觉型、听觉型、动觉型和均衡型四种。然后根据调查结果，教师可以把相同思维类型的人分到不同的团队当中，做到"组际同质"。而一个学习团队中会有几种不同思维类型的学生，做到"组内异质"，利于合理分工。如一名学生属于总体把握思维类型，能全盘考虑整体工作，可以安排担任组长，让他协调组内成员的学习交流活动。学习素质"组内异质"为互助合作奠定了基础，而"组际同质"又为保证全班各小组间展开公平竞争创造了条件，这种形式能促进合作型学习小组的建立。适合课型：新授课。基本流程：自学——合学——展示——点评——点拨——反馈检测。

2. 同质分组

考虑到一些学校、班级、学科学生两极分化比较严重的现实，在复习课或毕业班升学复习阶段，也可采用优对优、中对中、潜能生对潜能生形式分组。同时教师要设计好分层的导学案，做到设计形式分层、内容分层、练习分层、达标检测分层。需要注意的是一定要按学科分层，例如某个学生语文课可能在优秀组，数学课可能在中等组，外语课可能在潜力组。一定要兼顾学生的选择，让学生自己选择适合自己学习的小组；一定要允许学生中途调换小组。学习时可借鉴复式教学模式，错开展示时间；同时在编排组座位时要吸收"异质分组时组内就近询问"的优点，便于潜力组、中等组就近解决疑难问题。在导学案设计形式上，优秀组，让学生自己提出问题，自己找方法、自己找答案；中等组，教师设计好问题，让学生自己找方法，自己找答案；潜力组，教师设计好问题，同时也给予方法的指导，只让学生找出答案来。在导学案内容设计上，也要遵循课标的要求，做到"下要保底，上不封顶"，要在学生学习的最近发展区内。教师要"偏心"，要把更多的爱给予潜力组的孩子们。特点：组间异质，组内同质。适合课型：复习课、习题课。

3. 同质分组变式

（1）同质同标分组：各小组学习内容、标准相同，但学习方法、方式不同——优等生独立完成，中等生合作讨论完成，潜能生师生互助完成。基本流程：优等生自主学习，中等生合作学习，潜能生师助学习。

（2）同质异标小组：各小组学习内容、标准各异，一个班分成优等生、中等生、潜能生三个区（复式班）。区内异质分组，各区内小组均依照高效课堂基本流程进行学习，即分层高效课堂模式。

4. 魔方小组（动态小组）

考虑到小组人数过多，合作效率降低，且有些讨论没必要"兴师动众"搞"大兵团作战"。实施高效课堂时也可以组成魔方小组。顾名思义魔方小组就是小组人数可以依据需要自由变动，呈动态形式，即可以 2 人一组、4 人一组、6 人一组等。以学生自己为圆点，根据需求临时组成能解决问题的研究小组。魔方分组的出发点是在学生有需求时自发组成小组，在问题得不到解决时可以跑动到另一小组、可以两个小组合并成一个大组。教师一定要明白，分组讨论是形式，解决问题是根本，因此允许学习风格特殊的学生自己独立学习。

5. 滚雪球小组

在学生开展探究性学习的过程中，不同的组在不同的时段，面对相同的材料，往往会有不同的探究成果，而这些取得的探究成果有可能正是全部成果中的一部分或一个侧面。这时候，如果教师将反映某一问题两个属性的组组合到一起，他们就会从对方的探究成果中得到启示，从而形成较为完整的研究成果，推动探究活动的进一步进行。探究学习开始时，班级有十来个学习小组，到后来往往组合成两三个学习大组，学习中的这种组合是教师引导下进行的，我们习惯上把这种引导分组称为滚雪球建组。

6. 小组下设小小组

班额超过 50 人以上班级也可采用小组下设平行的两个小小组的方法进行分组。依照原来小组划分的原则，4 个人组成一个小小组，两个小小组组成一个小组。多个小组设立一个大组长（同时兼任一个小组的小组长），和一个副组长（即另一个小小组的组长）。合作、展示尽量以小组为单位，但考评时采取两个小小组捆绑制考评。

7. 主题学习组（二次分组）

如果教学内容多，普通小组交流起来会显得时间不足。"主题学习组"目的是分解内容，使每人参与一个主题，最后集体分享。基本操作：

（1）确定小主题：围绕教学总目标确定若干小主题，小主题数量应与小组成员数量相同，从而保证同一学习小组的成员拿到不同的主题任务。（2）成立主题研究组：各组拿到相同主题的同学，跨组组成新的小组。（3）组织学习：围绕共同的问题组织讨论，保证自己成为本主题的"专家"。（4）回到本组：学习结束后，各位"专家"轮流向组员介绍自己的"研究成果"，并负责保证组员对自己的成果基本了解。（5）形成对问题的理解：在本组内将大家的成果整合成为对本问题的理解，然后分享。

8. 循环（动态）小组

按照传统小组划分原则异质分组→各小组成员依照导学案全面自学→教师划分各小组重点研究的问题→每个小组确定 2 至 3 人作为该问题的解说员轮流为全班不会学生讲解。没有轮到自己解说时学生可到其他小组学习自己不会的问题；其余学生哪个问题不会便可选择到该问题小组学习。特点：小组是动态的，讲解员讲解也动态的，很像超市自选购物。也就是说把原来的轮流大展示，变成了每个问题同步展示。即原来一次展示一个问题，现在变成同一时间内展示所有问题。

9. 网络小组

周末或寒暑假，学校若布置社会实践及探究性作业，可以借助学校网站，建立网上学习平台。学生合作、讨论，教师点拨，都可在网上进行。选择同一课题学生，可以借助 QQ 群建立"志同道合"的研究小组，可以选择家长、志愿者、教师做小组的指导教师；遇到问题可以借助网络进行求助；课题成果可在网络上公布，接受同学或专家点评。网络小组的好处：一是打破了班级、年级、学校的界线，按兴趣、能力组建小组；二是合作、讨论打破了时空局限；三是随着家长、志愿者加入，教育资源增强了。

10. 家庭互助组（拼养小组）

指同班或同年级学生的家庭，完全自愿组成的合作组织。互助组的成立为家长之间、孩子之间的交流搭建起平台。他们自主开展活动，通过活动增进孩子和父母的感情，让孩子学会与他人相处与合作，鼓励孩子相互学习；家长也可以在活动中更全面地了解、认识孩子，学习借鉴别人的教子经验，互相解释疑惑，交流教子体会。学生家长有着不同的、丰富的、多彩的人生经历，将这些经历跟孩子们分享，不仅孩子获益匪浅，对家长来说也是一种收获。

家庭互助组大多利用周末或节假日一起聚会、外出参观、郊游等。孩子们这样说："参加这个小组，我们一起郊游、聚餐，比一个人面对老爸老妈强多了。""自从参加这个组织，我好像不再是独生子女了，感觉不再孤独。"家长们说："互助组让我们这些素不相识的家长们成了朋友，成了同学。有些从孩子那里了解不到的东西，从孩子伙伴那里可以了解，也可以从其他父母那里得知。""因为孩子，我们相识，因为孩子同龄，我们常常面对同样的问题，共同研讨、共同协商，互相学习，互相借鉴，做到优势互补，我们太需要了。"

家庭互助组是家长自发自愿组成的一个组织，有新意而且效果好。

当今，安全问题困扰着学校，很多校外活动难以开展，也使得本应当走出校门，到社会与自然中感受与体验生活的孩子失去了锻炼的机会。而家庭互助组则轻而易举地解决了这个问题。孩子可以乘兴而去，尽兴而归。家长可以尽情地交流教育孩子的体会与方法，特别是在现场活动中，对症下药地解决问题。互助活动时间的交流，还会不断地向其他时间延伸，这就形成了一个校外家庭联系网。而孩子则在这个组织中，增进了友谊，培养了合作精神。

让对学、群学落到实处的细则

"先学后交、交后再教"是高效课堂的核心理念。独学、对学、群学三者之间关系是：独学是基础，对学是常态，群学是升华。如何确保对学、群学落到实处及该环节高效，是高效课堂实践要破解的问题，为此，笔者特总结出如下细则：

一、让学生养成良好的小组合作（对学、群学）的习惯

1. 小组合作交流，依由小到大的原则，即对子——分组——整组。

2. 对子交流。把自己的观点或疑问与结对子的同学进行交流、解惑。

3. 小组交流。把对子内解决不了的问题，进行小组内讨论交流。

4. 交流时声音适当，以双方及组内，听清为准，切忌大喊大叫，小组交流起立时，不要拥挤。

5. 学生交流离座，要把凳子轻轻放入桌下，便于交流活动。

6. 交流时，鼓励畅所欲言、神采飞扬、各抒己见的积极表现，反对缄默不语、麻木迟钝、人云亦云的依赖心理。

7. 严禁假交流，随意交流，更不能借交流之机嬉戏、玩耍。

8. 合作时分工具体明确，做到人人有事做，事事有人做，时时有事做，行动要迅速，切忌游手好闲。

二、制定详细的小组合作（对学、群学）的常规

1. 合作学习必须建立在独立思考、自主学习的基础上。

2. 合作学习必须给予充足时间；合作学习的内容必须经过科学选择，并不是所有内容都适合或需要合作学习。

3. 尽量让小组成员之间地位平等，避免擅于表达的学生成为与教师对话的贵族，潜能生沦落为奴隶；避免潜能生成为活动的"看客"，游离于活动之外；小组汇报时尽量使小组成员轮流发言或鼓励潜能生发言。

4. 对于那些小组合作讨论时不说，因为表现欲在教师问"谁还有特殊的方法或补充说明时"，才急于举手发言的学生，应暂时"剥夺他们的发言权"，促使他们积极投入小组合作讨论。

5. 学生合作学习时，教师应当好"合作学习的巡视员"，要有目的、有计划对不同层次小组进行巡视，对游离于合作学习的学生给予善意提醒，同时注意尽量搜集有价值信息，为后面点拨奠定基础；教师应当好"合作学习的首席顾问"，积极参与到小组讨论中，同时在小组合作学习遇到棘手问题或陷入困境时指点迷津；教师要引导学生严格遵守小组纪律，学会尊重别人，学会倾听，学会表达。

6. 不妨让一至两组学生在黑板前合作讨论，随即把讨论结论书写到黑板上，避免讨论结束后再上黑板书写占用时间的弊端。

7. 小组汇报展示结束后，教师要陈述自己的观点；教师一定要对活动时产生的多元答案进行评说，正确处理"答案多元化"和"答案优化"的关系；教师一定要对活动时产生的"多元解读"进行引导、评判，对那些误读、曲解要及时给予否定，对浅读要给予提升，对学生感悟不到的地方，应给予阐述和精神引领。

三、出台、落实师生倾听条约

"学生倾听条约"：老师讲课或同学发言时，眼睛要看着对方，要仔细听清对方所说的每一个字；别人发言时，不插嘴，不打断，不做其他事情；不明白别人所说内容时，应该举手示意或等对方说完再提出疑问；小组讨论时，应在组长组织下按组内顺序依次发言，有问题可在别人说完后进行补充；老师讲课和别人发言时，应积极思考，对发言的内容进行全面思索，做到记住关键意思、找出问题、寻求灵感、提升补充。

"教师倾听条约"：教师不可以打断学生的发言，要静静地等待学生发言完毕；学生发言不正确时，不可以大肆批评和过严指责；对基础较差的学生，教师应该多给机会，倾听他们的心声；教师要认真倾听学生的发言，指出不足，提出建议。

四、选择有合作价值的问题进行群学

在合作学习中，学生学习和展示的任务多以小组为单位合作完成。但是在许多课堂中，合作学习有"形"少"实"：有合作学习之"形"——学生划分为若干学习小组，围桌而坐；少合作学习之必要——学习任务之答案脱口可出，或能找到现成答案，缺乏合作的必要。

适宜的合作学习任务应具备以下特征：（1）能激发探究的欲望。即问题能引起学生的认知冲突。（2）有探究价值。即这一任务学生不能马上解决，具有一定的挑战性。（3）有解决的可能。学生个体能有一些粗浅的想法，可以起步；通过群体的努力基本能够解决问题。（4）有合作的必要。即必须经过交流、争议、思维碰撞和相互接纳，才能使解决问题的思路和策略明确化与合理化。（5）有交流的必要。即具有多样的解决方式，能引起学生对于问题多样化的表述。（6）有用语言交流的可能。便于用语言进行表述、交流，不能"只可意会，不可言传"。

五、细化独学、对学、群学的方法与步骤

1. 独学的流程：读一读（认真读学案、课本）、画一画（将重要内容用双色笔勾画出来）；想一想、记一记（在理解的基础上，进行记忆）；

做一做（对导学案上设计的问题用书面回答形式认真地做一做）；标一标（用红笔标出疑惑的地方，待对学解决）。

独学的方法：裸学（不看任何资料学）——助学（借助参考资料学）——记学（把参考资料内容消化掉，能用自己语言说出来，即内化）——量学（借助问题检验自己自学的情况）。

独学的基本规则：专、静、快。

独学的误区：把课本、参考书上的答案没有理解，直接抄到导学案上。

2. 对学的流程：分享（对自学的答案，对子之间互相说一说）——求教（对不懂的问题，对子之间互相教一教）——讨论（都不懂的问题，对子之间互相议一议）——整理或标疑惑（议出结果的要整理到导学案上，议而不决的问题标出来，待群学解决）。

对学的方法：对查（互相检查自学的情况）——对问（争议问题辩论明晰）——对议（疑难问题共同商议）——对抗（学习效果互相比赛）。

对学的规则：自控、小声、会倾听、善表达。

对学的误区：都在说无人听，照课本念答案。

3. 群学的流程：帮学（潜能生不会问中等生，中等生不会咨询优等生，不同层次的学生互相帮扶）——合学（对共性的问题借助全体讨论解决）——质疑（思考新的解法、提出新的问题）——研学（利用所掌握的基础知识进行探究性学习）。

群学的基本模式：（1）中心发言式，一人作中心发言，其他的学生作必要的修改、补充。这种方式有利于形成统一的意见，但易出现一两个人包办一切的现象。（2）指定发言式，组员举手，组长指定发言，其他组员有不同意见的，可继续举手发言，最后由组长综合大家的意见。这种方法保持小组讨论井然有序，但学生的发言受到一定的限制。（3）叽叽喳喳式，小组成员自由发言。讨论起来比较轻松自由，可以活跃学习气氛，但容易造成学习秩序的混乱，一般要与指定发言式交替进行。（4）两两配对式，同桌先进行交流，然后再把意见带到小组。它适用于难度较大的思考题和需拓宽思路的问题。（5）切块拼接式，接受任务后，由组长进行分解，每个组员担当某一方面的"专家"，思考后再在小组内汇总，它适用于多步骤的操作训练题等。（6）接力循环式，组员轮流发言、作业。易于开展小组内的学习竞赛，促进学习者平等竞争、共同参与。为便于操作，教师还可以研制一些非语言性的符号，如用一个人像表示讨论方式为中心发言式，用两个面对面的人像表示讨论方式为两两配对式等等。这些方式本身并无优劣之分，关键是教师要能根据布置的内容，灵活地选用与之匹配的方法，只有这样，讨论才能高效、有序地进行。

群学的目的：解决共性问题，发现新问题，探究新问题。

六、借助小组总结、追问、访问、使用漂流本确保合学的高效

1. 小组总结。小组合作很热烈，但结束后汇总小组观点时，学生往往讲不清，他们都只顾讨论了，没有总结。如果有了"小组的总结"，短短的一两分钟，便可解决这个问题，巩固学习成果。

操作步骤：合作学习结束前两分钟，教师提醒大家停止讨论，开始整理与总结集体的观点。于是不论学习任务是不是完成，负责人都应该组织大家停止讨论，进入总结。需要注意的是学生总结时容易发生争论——告诉学生将争议观点与没有争议的观点分类，最后交流时，可以将其直接告诉大家"我们组有两个不同的观点……"总结时注意做好小组记录，交流时使用记录本。时间提醒也可采用音乐提醒：合作结束前两分钟，播放"音乐"，音乐一响，表示应该进入总结阶段，音乐声一停，合作时间也结束了。

2. 追问三次。针对一个问题，通过不断追问，引导交流走向深入。下面一些模板可供追问使用：

我不明白你讲了什么？

你是怎么知道的？

为什么这样讲？

如果是这样，那么……从什么地方可以看出来？

你能换一种讲法吗？请举一个例子。

你的观点与 A 的观点有什么相同的地方与不同的地方？

你的观点与 B 的观点有联系吗？

你的观点与上节课的……有什么联系？你是支持还是反对 A 的观点？

追问的过程也是一个深入理解的过程。需要注意的是学生间的追问往往脱离主题。教师要注意控制和调整。

3. 访客。"访客"是跨组交流的策略，可以让所有的学生都动起来。小组成员确定"接待者"与"访问者"两种角色。接待者负责向来访客人介绍本组的结果，并解释他们的提问。一般每组一名"接待者"。其余同学都为"访问者"，负责外出到其他组学习交流。每个"访问者"负责访问一个小组，有几个访问者便可了解几个组的观点，最后回本组介绍"访问"收获。

操作步骤：小组合作，共同讨论，总结小组观点；"访问者"外出到他组，倾听他人的介绍并记录；"接待者"接待来访者，介绍本组的观点，并回答他人的提问；访问者回到本组，就出访了解到的信息，完善本组的观点；总结本组最后的观点。需要注意的是学生走动不方便，特别是大班额的情况，可以小范围展开，如相邻四个组之间访问，或采用"漂流本"，"本"动"人不动"。

4. 漂流本。"访客"是学生到其他组交流，而"漂流本"则是学生在座位上不动，小组"记录本"在各小组间漂流。"访客"策略适合小班，"漂流本"策略适合大班。

操作步骤：各组将本组的观点整理在记录本上；3～5 个小组为一个交流单位，依次将各组的记录本向下传阅；传阅时，将他组的精彩观点记录下来，亦可在他组的记录本上批注自己的意见；当记录本漂流回本小组时，本组了解了许多其他组的观点，同时也会发现其他小组提出的意见，小组成员据此完善本组的观点。为了便于交流，可以在漂流本旁边加注"反馈表"，帮助分析。

电子白板背景下"3321"
高效课堂模式理论与实践解读

一、研发背景

研发电子白板背景下"3321"高效课堂模式是鉴于双重因素考虑：一是当前国家、地方政府对教育投入增加带来的教育信息化普及；二是因纸质导学案印刷烦琐及成本高影响了高效课堂推进速度。

交互式电子白板集计算机技术、网络技术、电子感应技术、多媒体技术于一体，具有课件的播放、音视频的放映、资源库的调用、网络资源的应用等多项功能，能够实现丰富多彩的教育资源的灵活整合。具体讲，电子白板运用多媒体技术，通过视听结合、声像并茂的表现形式，能够生动、形象地展示教学内容，扩大学生的视野，有效促进课堂教学朝着大容量、多信息和高效率发展；交互式电子白板为教师提供了一个丰富的、可以反复使用的资源库；运用电子白板进行教学时，教师还可以把通过互联网获得的资源作为电子白板的背景、页面、图像等，使学生在学习某个知识点时获得更多的拓展知识，有利于学生视野的拓宽；交互式电子白板具有随时书写、绘画、拖放组合等功能优势，教师和学生可以在白板上实现随时在网页上、计算机界面上和光盘播放界面上标注、画图，展现知识形成的过程。此外，当实际教学与教师预设的课堂出现不同时，教师也可以直接将学生的问题通过电子白板的独特功能融入教学课件中去，充分发挥师生之间教与学的互动，及时捕获课堂上生成的资源，为学生学习服务。

高效课堂最大的贡献是把新课标倡导的自主、合作、探究等新理念转化成了具体可操作的实践模式，其精髓就在于最大限度地把课堂还给学生，通过对话、合作、展示支撑起有意义的学习，使得学生"变成一个流动、变化、在学习过程中成长的人"。具体讲在高效课堂上，充分呈现出了和谐、民主的气氛，学生敢问，敢说，敢讨论，形成了一种积极主动，争先恐后，紧张活泼的气氛。读、说、议、评、写等有效学习手段贯穿始终；拓展、挖掘、提高，体现重视学习能力培养；学生活动人次多，密度大，人人参与；课堂效率高，效果好，达标率高；既有知识的交流，也有情感的碰撞。可谓"知识的超市，智能的多元，生命的律动"。

电子白板背景下的"3321"高效课堂模式旨在通过教学技术手段改革与课堂模式改革的整合、融合，实现"1+1>2"的增值效应。这里的融合指的是把原来的"传统课件"，加上导学功能，改造成电子导学案，进而取代纸质导学案。电子白板背景下的"3321"高效课堂模式绝不是电子白板与高效课堂的简单相加，更不是高效课堂上简单运用了传统课件。而是生成了新的教学模式——电子白板高效课堂。

二、电子白板背景下的"3321"高效课堂模式理论解读

1. "3321"高效课堂模式的含义。

三学：导学（协商制定分层学习目标）、自学、合学（对学、群学）。学的手段主要是问与思（疑与探）——自问自思（自疑自探）、互问互思（互疑互探）、再问再思（再疑再探）。

三展：小组展示、跨组展示、班级展示。

二点：学生点评、教师点拨。

一提升：盘点、总结、提升。

2. 学习基本流程。"3321"课堂紧紧围绕出示学习目标、实现学习目标、检测（反馈）学习目标来设计活动流程。基本流程如下：创设情境，引出课题（导入）；协商修订学习目标；学生自学；小组对学、群学（合学）；层级展示；学生点评、教师点拨；小结、拓展、提升（盘点）；反馈检测；小组个人自我反思。其核心环节：学——展——点——结——测（先学后教，当堂检测）。

3. 课堂核心环节操作。（1）导学案编制线索：可依据学段、内容采用单循环（整体自学）、多循环（分模块自学）组织。（2）"学、展、点、结、测"在具体操作中，步骤可以省略、顺序可以颠倒。（3）独学、对学、群学问题设计要有层次性；学习内容选择及呈现方式要体现知识问题化、问题层次化、学习探究化。（4）展示遵循的基本原则：选择有价值问题展示；展错不展对；不重复展示；潜能生能展示的尽量不叫优等生展示；提倡采用对抗、辩论、质疑等动态展示、同步展示；小展示能完成的就不要用大展示。为节省时间也可以把合学与展示同步进行。（5）展示层次要逐步升级：读答案——背答案——用自己的话说答案——用艺术形式呈现答案（演）；写、说答案——说答案怎么得来的——说自己是怎么想的、思考的以及中间遇到挫折、困惑（说思维过程）。（6）点评层次也要逐步升级：外在形式点评（声音、站姿、普通话、分工）——对回答内容的点评——对该问题归纳（概括）、质疑（说错了没有）、补充（说全了没有）、联想（有这个问题想到了类似问题或由此方法想到了其他方法等）。（7）点燃要贯彻始终，点拨要讲究艺术（同步点拨、整体点拨、质疑点拨、总结点拨、提升点拨要因学情而异，搭桥提问、追问、反问要变换使用，要把握点拨画龙点睛、拨云见日双重功能）。（8）合作讨论组织形式要具体，比如组长讲，组员听，对子提问；潜能生讲，中等生补充，优等生总结；中等生讲，优等生追问，潜能生提问；先自学，集中订正，重点质疑等。（9）合作学习内容要选择好。适合合作学习内容包括：答案、观点有争论的；答案是多元的、开放的；答案一题多解的；实验、活动一个人不能独立完成的；问题是并列式的，分组讨论可以缩短时间，实现资源、结论共享的。（10）检测学习目标要求：检测题要与学习目标吻合。检测形式：对子互相检测、师生检测、教师检测。试题类型：套餐式（必做题、选做题）、分层式（优等生试题、潜能生试题）、自主式（自己选择题型、题量）。

4. 环节的划分。第一种：在"预习自学"环节依次呈现全部学习任务，学生在独学之后，小组内对学，群学，合作探究遇到的问题；小组学习完成向老师汇报，领取展示任务。第二种是把适合"独学"的部分安排在"预习自学"环节，把需要合作的部分安排在"合作探究"环节，挑出"重点难点"部分放在"展示评议"环节，学生以不同的学习方式，学习不同类型的知识。第三种是在自学能力比较弱的中低年级段，或刚刚开始课改的实验班，对于要学习的每一模块的任务都可以经过"预习自学、合作探究、展示评议"三个环节，目的是教会孩子如何学习。

5. 模式的优势。该教学模式让纸质导学案变成了电子导学案，实现了高效课堂与多媒体的有效对接。同时在实现学习目标这个重点环节，它与传统高效课堂模式不同的是"学、展、点、结、测"五个环节顺序可以依据学情进行调整，也可以删除某些环节。更重要的，它与其他导学案不同的是重点活动流程都有相对应的方法指导（导航台）和可能用到的旧知识的提示（菜单栏），旨在通过方法指导让学生借助新知识的学习过程，实现从讲会到学会、会学的突破，达到高效课堂模式的改造升级。

6. 电子导学案框架结构：（1）界面页：每周一换的班集体幸福照、开心活动照片。（2）课前预备页：本周习惯、每日名言、课前准备及连接音乐（习惯与名言要形成系列，音乐主题可依据学生心态转换和本节课情况选择）。（3）协商制定分层学习目标页：课题、初步学习目标、目标内容，协商调整。（4）实施学习目标页：由若干页面组成。每张页面必须有活动流程、步骤（即学什么，学、展、点、练、结的呈现方式可依据内容采用单循环、多循环）、导航台（即怎么学，方法指导——学科思维、方法、高效课堂该环节方法，依据学情可采取整体思维导航或分步方法导航）、菜单栏（即不会怎么办，解决该问题上潜能生可能不会的旧知识，以及该问题的思考提示）、问与思（点点清、笔记栏）。（5）检测学习目标页：试题与目标对照，内容紧扣双基、量要适度、类型兼顾。（6）学习反思页：引导小组、学生对学习情况进行自我评估。

7. 编制电子导学案前提、流程。前提：研究课标，吃透学科、阶段、类别目标；研究教参，吃透单元目标、课时目标；研究教材（文本）；研究教材解读；研究试题；研究学情（学法、思维、经验、实际起点水平与教材要求起点水平等）。流程：个人初备，形成初案；备课组（教研组）合备，形成合案；个人再备，形成个案；课后复备，形成新案。

8. 评价电子导学案好坏的四条原则：（1）在综合考虑页面背景设置、字体、字号、颜色、插图等要素基础上，做到页面设置中心突出、画面美观、符合使用年级孩子的年龄特征、心理特征。（2）电子白板的交互功能得到了恰当、合理运用。要发挥其随时书写、绘画、拖放组合等功能优势；借助其可以随时在网页上、计算机界面上和光盘播放界面上标注、画图、展现知识形成的过程；充分发挥其及时捕获、再现课堂上生成资源的功能，让课堂的生成、探究、展示更精彩。（3）要把传统辅助教师的课件，添加导航台与菜单栏，使其具备导学功能。导学台功能主要体现在学科方法的导学、高效课堂学习流程的导学及学习时间安排的导学。导航台是一座桥，其功能是为学生提供解决问题的思维方法、学科方法及解题思路；菜单栏功能是针对潜能生随时可以参考的与该问题有关的旧知识的归纳与补充，也可以当作为优等生服务的该知识点拓展与提升的资源库。导航台、菜单栏与活动流程是一一对应的关系，菜单栏就像一座连接新旧知识的桥梁，让学生通过这座桥梁，把以前储备的思维形式、学科思想、学科方法及学科知识，顺利迁移到新知识、新问题的探究中去。（4）每条学习目标设计要体现行为主体、行为动词、行为条件、行为结果四要素，整体学习目标要体现恰当、具体、可测、分层的要求。同时还要做到导入、学习流程、作业的设计要与目标对照，做到各个环节有的放矢，对应到学习目标上，学习内容的选择、呈现方式要体现知识问题化、问题层次化、学习探究化。在编写导学案时，教师要引导学生提出有价值、有意义的问题，使知识问题化，从而避免以知识为线索或以习题代替问题的倾向。这样一来，学生利用学案自主学习就不再只是做题，不同层次的学生也会因此生成不同层次的问题。学生带着不同的问题走进课堂，"对学"和"群学"也就有了合作的需求，从而也就能够实现真正意义上的合作。只有学生真正动起来，才会有质疑、辩论，展示才会具有探究性。

高效课堂应关注的九个细节

一、黑板的开发与利用

黑板开发是指黑板纸、移动黑板、两面翻转黑板的利用及用电子白板代替黑板、用实物展示台代替黑板、用动画音频视频课件（称之为会说话黑板）等新材料、新技术、新功能的新"黑板"的使用。

黑板功能的开发与利用：

1. 黑板上可打上暗格，小学也可画上一些田字格，或英语拼音用的四线三格，便于孩子板书横平竖直，字体大小均匀，整齐美观。

2. 让孩子学会使用三色粉笔。普通板书用白色，重要内容（突出要点、关键词）用黄色，纠错订正用红色（最好使用无尘粉笔）。

3. 配置直尺、三角板、圆规，便于学生规范作图。

4. 配置导学棒，照顾个矮孩子，便于他们讲解展示。

5. 尽量提高黑板利用率。每节课各小组至少要三次使用黑板，以三查学情：自学时，让潜能生爬黑板；合学时，小组边讨论边板书，为小展大展服务；达标检测时，让同层次孩子对抗，检验学习效果。

6. 对学生的板书速度要借助练字进行训练，做到又好又快。速度上要求六年级小学生每分钟达 8 字以上，初三达 12 个字以上。

7. 年级及学科不同，板书侧重点及要求也应不同：小学规范书写，提前板书；初中板书要点；高中只板书关键词、核心步骤，或用符号代替板书，可与展示同步。

8. 黑板高度应与孩子高度相称。逐步渗透布局排版美化装饰的意识，提醒孩子字不要太小，也不要写得太靠下，同步板书手要伸过头顶，保证全班能看到看清。

9. 板书质量应纳入评价。

10. 每个小组可利用黑板进行问题征解，或问题解答小组擂台挑战赛。

11. 可把小组名字、组训内容固定在黑板上。

12. 教师必要的画龙点睛板书不能少，也可把课堂小组评分表固定在教师用的黑板上。

13. 各小组可利用黑板边角空白让组员轮流展示自己撰写的"凡人凡语"，也可小组轮流承担班务、天气、同学生日等温馨提示栏。

14. 高效课堂好的板书设计应该是学生集体智慧的结晶，是一幅作品，而不仅仅只是学生的个人演练场。

15. 高效课堂好的板书设计首先要确定主题，围绕主题分层设计构建板块，更重要的是关注是否呈现出了知识的内在逻辑结构，成为一个思维导图。

16. 高效课堂好的板书设计，既要带着问题呈现课内基本知识点，更应该走出课本进行知识的延伸与拓展，切不可照本宣科地把课本知识转移到学案，再把学案知识转移至黑板，这是无效劳动。

17. 高效课堂好的板书设计，应该注重色彩感与画面感，利用色彩感画面感构建学生的感性思维，注意粉笔颜色使用一定要规范。

18. 高效课堂好的板书设计一定要适度留白，便于学生适时补充纠错纠偏。

二、手势的规范

1. 学生讨论防互相干扰手势，如：选择题用伸 1 至 4 个手指分别代表 ABCD 四个答案；判断题用手指做成 "V" 状或 "X" 状分别代表正确错误；用右手大拇指向上、向一侧、向下分别代表完全明白、似懂非懂、根本不懂。

2. 教师判断小组学情的手势：教师巡视到各小组后，组长用右手平放，左手一个手指向下表示请求帮助；手做摆手动作表示请勿打扰；招手表示讨论已完成，愿与教师分享；手指成问号形式表示讨论已结束，请布置新任务。

3. 提升课堂精气神的手势：刚上课时全班学生喊班呼，配上一个提升士气动作；在展示完毕、评出优胜小组、展示明星，可借助鼓掌或伸大拇指表示祝贺。

4. 让教学自动化的手势：如教师伸一个指头，表示独学开始；伸二个指头表示转入群学；五个指头全伸表示转入合学；用快速摆手表示快速进入展示聚焦。

5. 助展的手势：握拳、伸掌、伸臂、用双手模拟位置大小方向等来表达感情或助展。

6. 阻止学生分神或说话手势：嘴发出 "嘘" 并捂嘴手势表示不要小声说话，要认真倾听。

7. 帮助评价的手势：有节奏的鼓掌，或喊 "棒、棒、棒，你真棒"，或 "good、good、yeah" 等，同时伸出双手大拇指表示祝贺。

8. "请" 的手势：教师请学生展示时，要伸开全手做 "请" 的动作，忌不礼貌的伸一个食指指学生。

三、小卡片的妙用

1. 提示卡：展示时学生语言不简练，或分不清主次甚至有点跑题时，教师可出示提示卡，提醒学生注意时间。

2. 备忘卡：展示时可以让学生提前将展示要点写在备忘卡上，上台时可将小卡片握在手里，展示时防止展示者遗忘。

3. 展示卡：教师可为每个小组成员每人每节课发 2 至 3 张展示卡，展示一次收回一张展示卡，没有展示卡不得展示；简单问题让潜能生展示，这样就可避免明星展示。

4. 笔记卡：让学生将展示发言的重要观点，或教师点拨拓展内容，整理后粘在课本上，备复习时用。

5. 抽题卡：可将题号写在小纸条上，让组长抽签决定展示点评内容及顺序。

6. 问题卡：卡上可注明展示的问题及要点评问题，小组不仅要研究本组展示的问题，而且还要研究点评的问题，这就避免了点评时因无思考低水平发言的弊端。

7. 激励卡：教师可印一些孩子喜欢的卡通人物，作为奖励孩子的卡片。卡片之间应有层级，设立兑换关系，构成评价的链条，起到累积激励的作用。

8. 学情记录卡：教师可利用卡片随时记录学生在合学时暴露或存在的问题，为展错不展对确定展示对象及确定追问或要点拨的问题。

9. 学具卡：教师可以利用小卡片制作英语、语文生字、拼音游戏纸牌，让学生玩中学。

10. 心情卡：班里可设心情树，让孩子用不同颜色小卡片表示不同心情，教师可依据心情树，进行针对性的疏导。

11. 师德师风检督卡：学校可聘请学生当师德师风监督员。当教师有拖堂、体罚或变相体罚学生等有违师德师风的行为时，监督员可手持黄牌红牌给予提醒、警告。

12. 优点轰炸卡：每周可选择一名学生作为表扬对象，让班里同学用纸条形式写出他（她）的优点，大声朗读，收齐后作为礼物让该生保存。

13. 励志卡：让学生将自己喜欢的一句名言、自己的奋斗目标或需要改掉的不良习惯，制作成卡片贴在课桌面上，时时提醒鞭策自己。

14. 漂流卡：各小组可将本组对某问题看法制成漂流卡，漂流征集看法，实现跨组交流。

四、倾听的习惯与规则

1. 学生倾听的好习惯

（1）聆听。听人发言要专心，眼睛注视对方，以微笑、点头表示感兴趣或赞同；深度聆听，边听边想，记住要点，并考虑发言者的话是否符合实际，有没有道理；别人发言时不随便插嘴打断，有不同意见，要耐心听别人说完后再提出；听人发言有疑问，请对方解释说明时，要有礼貌。

（2）说明。先准备后发言，不信口开河，发言围绕讨论中心，不东拉西扯；谈看法要有根据，能说清理由；别人提出疑问，要针对问题耐心解释，尽可能做出令人满意的答复。

（3）求助。遇到学习上的困难，可向同学请教，不懂不会的地方表达要清楚；态度要谦虚有礼，接受帮助后应肯定对方的帮助并表示感谢。

（4）反思。虚心考虑别人的意见，修正和补充自己原来看法中不正确不完善的地方；勇于公开承认自己的错误认识，接纳与自己不同或相反的正确看法。

（5）自控。服从安排，遵守纪律，不随便离开座位，不讲与学习无关的话；小组讨论时，有次序地发言，声音要轻，不影响其他小组学习；服从组内大多数人的意见，个人意见可保留。

（6）帮助。关心同学，及时了解同学的困难；主动热情、耐心地帮助同学，不伤害同学的自尊心；帮助时要向同学说清发生困难的原因和解决问题的方法。

（7）支持。对别人的正确意见或高明见解以点头、微笑、鼓掌表示赞赏。

（8）说服。在仔细观察分析别人的发言或操作的基础上提出不同的意见；肯定对方意见正确的一面，再纠正错误的地方；摆事实，讲道理，以理服人。

（9）建议。独立思考，敢于提出自己的大胆设想、看法、理由，或具体的行动方案和措施。

（10）协调。关注每一个小组组员的活动和讨论的情绪，善于根据学习任务引发话题；当组员思想开小差、违反纪律、讨论偏离中心议题或组员讨论态度不端正时，应予以阻止；在意见产生分歧时，要求大同存小异；明确学习任务和目标，并努力完成任务，能综合说明同学讨论时提出的意见并对意见进行分析，得出结论。

2. 教师倾听要求

（1）教师不可以随便打断学生的发言，要静静地等待学生发言完毕。

（2）学生观点不正确时，教师不宜大肆批评或苛严指责。

（3）对基础较差的学生，教师应该多给机会，倾听他们的见解，哪怕是错误的想法。

（4）教师要认真倾听学生的发言，指出不足，提出建议。

五、课堂奖赏

对小学生的奖励可以这样创新：减少作业量，或免做作业一次；发一支彩色笔；教师抱一下；坐老师座位；排队站在最前面；第一个进餐厅；拿班级钥匙一周；上主席台领操；给一次选择晚上班级看电视频道和节目的权利；在游戏中做首领；换座位；随时可用卷笔刀；选择一个故事，让老师讲给大家听；给父母打电话、发短信报喜等等。

对中学生可以这样拓展：把平常做好事同学的名字投入好事箱，在规定时间内抽奖，发奖励券；奖励可以积累，达到一定量后，可兑换奖品；奖励全班自由支配时间；智慧盒里抽取智力题作答，只有表现好的学生才有机会抽取，激励学生主动学习；储蓄道德货币等。

总之，奖励应遵循如下的原则：符合学生最近利益；学生稍加努力就可以达到；自我激励；不限制指标；办法简洁易操作；形成系列；奖励时间从短到长；奖励的标准逐步提高；及时兑现、不欺骗孩子。

同时要注意教师在对学生评价时，要坚持"说你行，你就行，不行也行"的积极心理暗示原则；用描述式表扬取代评价式表扬；用努力取向的表扬取代能力取向的表扬。

六、交流墙与问题园

课堂交流时，往往只能有部分学生的观点得到关注，如何让更多的观点得到交流？让更多的学生参与分享？"交流墙"可以解决这个问题。

1. 基本操作方法：（1）小组记录：小组交流时，将观点记录于大白纸或小黑板。（2）张贴记录：讨论结束后，将小组的观点张贴于墙壁。（3）全班交流：全体成员了解、分析、学习其他组的观点。（4）完善观点：分享结束后，成员再回到本组记录纸前，再次交流讨论，完善本观点。

2. 此方法可引申为问题园：教室专门辟一个园地，同学们将自己想与大家交流的问题提出来，贴上去，然后请其他同学参与。问题大致可以分两类：（1）自己不清楚，想与其他同学交流的；（2）自己清楚，感到非常有价值，贴出来与大家分享研究的。"问题"纸留出"回应栏"，方便同学间互相回应。

七、循环日记

日记训练一直是一个教学难点，学生兴趣不高，写作素材单调，缺少交流共享，"循环日记"便是基于此而研发的一种写作形式。

日记以小组为单位写，小组成员共同使用一个笔记本，循环写作，循环评价，循环欣赏。

基本操作方法：（1）准备笔记本：每组准备一个小组公用的笔记本作为"循环日记本"。先给笔记本起一个个性本名，在第一页注明组员循环顺序，如果有兴趣还可写前言。要预留出 2 页空白，备将来整理目录。

（2）轮流写日记：每天一个人，循环书写，书写者除了写自己的日记，还要对上一篇日记写出自己的看法；循环日记小组 4～6 人比较合适，人员太多循环周期太长，每个人的作业量太少；人员太少，则作业量偏多。

（3）定期整理：一学期下来对整本日记进行整理，可以写出目录，对大家的作品与点评进行反思。

八、师生课堂走动的规则

1. 师生走动三忌：（1）教师忌穿高跟鞋，因走动发出较大声音影响学生思考；（2）忌无目的在小组之间来回走动；（3）忌让凳子发出声音，要轻步有序走动，避免影响楼下班级上课。

2. 教师走动的意图：（1）独学时，应关注班级学困生，借助走动催促、帮助其完成独学任务。（2）合学时，借助走动关注薄弱小组并参与其活动；同时借助走动发现有不同思路、解法或存在问题小组，为班级展示确定展示对象。（3）展示时，借助在听展区走动提醒溜号的学生。

3. 学生走动的基本要求：（1）展示者要落落大方走向展示聚焦区；（2）听展者在保证凳子不发出声音前提下，快速、安静、有序地走到听展区，成扇形分布；（3）轮流展示时，快速走到等候区，边听边等候；（4）小组整体展示时，有序站开，不要遮挡黑板；（5）展示结束后有序、快速退回座位。

九、练习检测的创意

1. 练习题设计照顾学生差异，可分必做题、选作题，也可根据难度、题量设计 ABC 三级套餐式作业。

2. 可以让对子之间互相出题：潜能生抄题，中等生选题，优等生编题。出题能够加深学生对问题理解，且学生做同伴出的题比做老师出的更感兴趣。

3. 课堂学习错题，要让学生用双色笔四步改错：找出错题原因；认真订正；找 1～2 道同一类型题巩固；整理该题涉及知识点。

4. 课堂检测时间必须有保证，课堂练习要严格要求，让学生按时规范独立认真完成。

5. 知识点要做到点点清，一节课要做到堂堂清，一天学过的内容要做到日日清。三清要有层次性，要构成系列。

6. 在个人独立完成作业基础上，还可设计一些小组合作才能完成的作业。

7. 在保证书面作业基础上，也可安排一些动手操作、解决实际生活问题的作业。

8. 在完成单一学科作业前提下，年级组也可围绕一个主题，让学生搞跨学科整合的研究性学习，让小组承担课题，自己提出感兴趣问题，自己制定、完善分工方案，自己分析数据得出结论，分工撰写课题报告，确定交流形式并与其他小组交流。

9. 班级可建学科网站，任课教师可将预习作业、相关材料在网上发布，学生也可网上咨询或查看预习作业。教师依据学情设计第二天学习目标、研究的问题，保证导学案的针对性、有效性。

10. 小学生提交作业形式可以因人而异：如以画代文、文画结合，还可以画上自己做作业心情图，甚至可在作业后面设计一个题考老师；或对老师评语进行评议。

11. 建议学生在作业后面设计一个表格，填写自己有把握答对的题、没有把握对的题、自己感到困惑的题。作业发下来后，检查自己预测情况并做反思。

与课改理念相匹配的
五类校本研究

一、观课、议课

传统的听课、评课存在诸多弊端，比如：耗时、低效，教师参与的积极性不高，目的不明，讨论表面。随着人们对新课程理念理解的深化，从听课、评课转化为观课、议课是大势所趋。那么什么是观课、议课呢？观课、议课是围绕师生行为及其背后的教育价值观念、行为结果进行观察和讨论，分析教学活动中的多种可能性，以获得对教育新的认识，并规划和策划未来的教育行动的一种教研活动。

笔者对两者区别做了如下的概括。目的不同：前者是下结论、作判断，旨在甄别、鉴定；后者是引出话题、议题，增强教学合理性、寻找教学的多种可能性，旨在诊断、发展。话语结构不同：前者是"我觉得这节课有以下优点……""我认为应该这样改进……"它要表达出好与不好、理想与不理想的结论；后者是"对于这个问题我想要知道你是怎么想的……""我的想法是……"从而引发深入对话，以获取对某些问题的认识，达成对某些问题、行为的理解。取向不同：前者活动时，以表现、展示作为主要献课取向，执教者重在展示教学长处；后者活动时，以改进、发展为主要献课取向，不但不怕出现问题，而且激励教师主动暴露问题，以获得帮助、求得发展。态度不同：前者活动时，教师多处于

"旁观者""局外人""被帮助者"的被动地位；后者活动时，教师多为
"参与者""当事人""平等者"的主动态度。问题的性质不同：前者多是
"他人的问题""假想的问题""个性问题"；后者多是"自己的问题""真
实的问题""共同关注的问题""急需解决的问题"。侧重点不同：前者偏
重观察、议论教师的"教"，忽视了学生的"学"；后者偏重观察、议论
学生的"学"，并且从"学"来映射、考查"教"的情况，即"以学议
教"。氛围不同：前者是"一言堂"，有授受之分；后者平等民主、对话
合作、理解分享。手段不同：前者主要凭感官，听的对象是师生在教学
活动中的语言；后者除了凭多种感官外，还要借助一定的观察工具，全
方位收集课堂信息、语言和行动、课堂的情景与故事、师生的状态与精
神，用心灵感受课堂、体悟课堂。

1. 高效课堂观课、议课操作要点

观课前：（1）沿循"教师课改问题征集、归类汇总、组内初步会诊、
校内集体会诊、确定活动的初步话题、选择教师共同感兴趣的话题"的
思路，形成活动的主题，在此基础上，制订出《学校校本教研学期活动
计划》，各学科中心教研组依据此计划分别制订出各自的详细实施方案。
（2）各教研组根据轻重缓急确定每次活动要解决的问题，即带着解决问
题意识组织观课。（3）谁的课最有争议，把谁确定为主讲人，即观有个
性的课。（4）将主讲人的教案及设计理念提前印发给每一位参加研讨的
教师，让观课教师了解主讲人的献课取向，获得共同的话题、议题，即
带着对主讲人的设计理念的初步了解观课。（5）参加观课活动的所有教
师也要对这一问题进行提前准备，即要带着个人的思考进行观课。（6）
每位教师要确定自己观课时观察的对象、要点、目的，甚至要列出观课
提纲，准备好观课工具，有侧重点观课。

观课中：（1）要确定观课的重点。（2）要优化观课的程序。先与执
教教师、学生课前进行简单沟通；携带观课工具进入现场；尽量坐在学

生当中观课，以学习共同体的心态参与他们的学习活动；观课教师要按规范完成观课记录。

观课记录一般由四部分组成。预设的观课目的，如：自己有什么困惑，想验证、学习、发现、比较什么，想得到什么数据；是观察学生、观察教师、还是同时观察；是单项观察还是综合观察……课堂纪要：教学流程，教学典型环节，片段、细节的记录。教学建议：上课教师是怎样处理问题的，自己的看法、建议或者对自己的教学有什么启发。评价：对执教教师上课情况进行客观公正的评说；对自己确立的观课目的有关项目进行详细观察、记录。

观课后：（1）要把被评价者放到重要的位置。"适当的冲突，才有真正的交流"，"没有人拥有真理，但每一个人都有权被理解"。议课是为了解决问题，"让被评价者最大限度地接受评价结果是评价的最大效益"。议课中要关注评价者说了什么，更要关注教师们说了什么，要确定议课的重点。议课要议出联系：帮助教师认识教育观念、教学设计、教的行为、学的行为、学的效果之间的具体联系；议课要议出更多的教学可能性，拓展可能的空间，议课的任务不是追求单一的权威的改进建议，而是讨论和揭示更多的发展可能以及实现这些可能的条件和限制。议课既要认识已经发生的课堂事件只是一种可能性，更要关注探讨新的、潜在的发展可能性，促进教师对教学行为的反思。以课例为载体，让教师检视自己、反省自己、改进自己，透过行为分析直抵内心的价值观念和教育假设，通过深度挖掘，使隐性知识显性化，通过深度对话帮助教师认识教育假设，更新教育观念。

（2）要平等对话。要着力营造平等对话的氛围；建设有利于围绕问题对话交流的语境，为教师创造安全的能充分敞开的献课和自由发表高见的物理空间和心理空间。对话者既要不轻易放弃自己的观点，同时要对他人尊重，认真倾听他人意见，理解他人的立场和观点。简单说就是自信而不封闭，虚心而不盲从。

（3）要直面问题。要把解决问题作为议课的重点。要围绕问题展开讨论，要围绕问题设计方案、策略，要追踪问题解决的全过程，要发现实施过程中遇到的新问题，要沿着"发现问题、分析问题、解决问题"思路螺旋式推进。

（4）要优化议课的程序。确定主持人，从传统的领导主持变成校本教研员主持；执教教师进行课后说课；观课者要将自己的认识、感受、理解、评价和建议通过"3＋1"议课方式（即举一个优点同时要说出三个缺点、建议或自己的三个困惑；要求与会教师人人必须发言，且不能重复别人的观点）与上课者和其他观课者分享；要邀请课堂的主角——学生参加议课，耐心倾听他们的声音；要允许主讲教师进行二次申辩；观课教师修改完善各自的教案；抽签进行二次上课；活动结束后，每位观课教师要写出本次活动的专题反思、主讲教师要完成高质量的"二次反思"；要做好观课发言记录。

总之，原来被动的、无准备的、尽是赞美之词的听课、评课，被争先恐后、有的放矢的高质量观课、议课所代替。这种方案逼迫教师全身心投入校本教研的全过程，使所有观课教师不能再当听众，从而加强了教师参与教育研究的程度、效度，还可以使教师在研究过程中明确案例研究的方向，有利于他们产生自己的疑问，获得自己的体验和感受，获得解决问题的方法和策略，促进专业化成长。更重要的是可以把教师培养成具有批判精神的思想者和行动者，帮助他们实现自身的解放。

二、从传统说课到全程说课的提升

传统说课是指教师在特定的场合，在精心备课的基础上，面对评委、同行或教研人员系统地口头表述自己对某节课（或某单元）的教学设计及理论依据，然后由听者评议，说者答辩，交流、切磋，从而使教学设计不断趋于完善的一种教学研究形式。全程说课要在传统说课基础上进行"上挂""下联"。"上挂"指的是要把备课过程中教师阅读、思考及形成思路的方法、过程完整地呈现出来;"下联"指的是要把课后的反思、教案的课后修订及对课上出现的问题的补救措施呈现出来。

1. 全程说课与传统的说课的区别

全程说课与传统说课的区别主要表现在以下六个方面。首先,传统说课倾向于课前说课,全程说课倾向于课后反思说课。其次,传统说课偏重于终稿教案在课中运用的合理性,全程说课拉长了说课的链条——课前、课中、课后,是对传统说课的进一步拓展、延伸。第三,全程说课与传统说课的关注点不同。传统说课关注的是基于教师对教材的理解和对学生学习情况的预设。全程说课不仅基于教师对教材的理解把握,更着眼于课堂情况的动态生成、学生学习情况的反馈检测,以及教师课后的补救措施及反思改进。第四,传统说课关注教师最后教学方案的合理性,而全程说课更关注的是最后的教学方案是怎么构思出来的。也就是说,前者关注的是方法,后者关注的是方法之方法。第五,传统说课偏重于"我为什么这样教",重在教师教育、教学理论提升,全程说课在关注理论同时更侧重于实践操作的修改、完善、提升,重在教师实践技能提高。第六,传统说课稿的形成,主要体现的是说课教师个人的智慧,而全程说课体现的是一个年级组集体智慧。这种说课稿是在同课异构、一课多轮的基础上,集体讨论的成果。

2. 传统说课的流程

说教材——包括教材简析、教学目标、重点难点、课时安排、教具准备等;说教法——包括根据教材和学生的实际,准备采用哪种教学方法;说过程——包括准备怎样安排教学的过程,为什么要这样安排。一般来说,应该把自己教学中的几个重点环节说清楚。如课题教学、常规训练、重点训练、课堂练习、作业安排、板书设计等。

3. 全程说课的流程

说公开课教案是怎样"备出来"的。说课要点：（1）说公开课教案备课的程序：重点谈构思、同行建议、教参参考、网络查阅资料四者的情况和采纳。（2）说公开课教案是怎样定稿的，重点谈初稿、二稿、定稿你修改了什么，为什么修改，你采用的是试课修改还是优秀教师指导修改。

说公开课教案在课堂上你是怎么"活用的"。说课要点：（1）预设的教案在课堂上你删除了什么？为什么删除？（2）预设的教案在课堂上你增加（生成）了什么？当时你是怎么考虑的？（3）课堂上有偶发事件吗？若有，你是怎样处理的？（4）你遇到"预设自己要引导的而学生提前说出来、预设学生能回答但启而不发"的情况了吗？若有，你是怎么处理的？（5）对公开课教案的教学现场调整，课后你认为处理成功之处是什么？遗憾的是什么？

说公开课以后，自己采取了哪些补救措施，反思改进着力点在什么地方。说课要点：（1）：对学生作业中暴露出的问题，第二节课你是怎么处理的？（2）对上节课没处理到位地方，你是怎么补救的？（3）假设让你再上这节课，你的教案又会调整什么？（4）你的课后反思写了些什么？

三、自我反思新抓手——高效课堂课后复盘（自我观课、评课）

教师要么自己上公开课让同行分享，要么观同行的课并对人家的课评头论足，怎样自听、自议自己的常态课呢？

下围棋的高手都有复盘的习惯。复盘就是每次博弈结束以后，双方棋手把刚才的对局再重复一遍，这样可以有效地加深对这盘棋的印象，也可以找出双方攻守的漏洞，是提高自己水平的好方法。教师自我观课、评课也是相同的道理。学校为每位教师录几节常态课，让教师闲暇时间自听、自议，即让教师进行"高效课堂课后复盘"——教师以自己的职业活动为思考对象，对自己在职业中所做出的行为以及由此所产生的结果进行审视和分析的过程，是将自己的教学活动和课堂情境作为认知的对象，对教学行为和教学过程进行批判地、有意识地分析与再认知的过程。

"高效课堂课后复盘"就是教师把当时"走"的过程中在脑中重复一遍，再现师生双方的心理活动，即当时是如何想的，为什么"走"这一步，是如何设计的，预想接下来的几步。在复盘中，教师对自己、对对方"走"的每一步的成败得失进行分析，同时提出假设，如果不这样走，还可以怎样走，怎样走，才是最佳方案。在复盘中，教师能够不断激发新的方案、新的思路，新的思维、新的理论可能在此萌发。

"高效课堂课后复盘"对提升教师驾驭高效课堂能力，具有意想不到的作用。首先可以发现自己习以为常的、但对课堂有副作用的语言以及一些不雅的体态；其次可以对自己的点拨语言、提问语言、评价语言、过渡语言等进行自我评估；第三，可以寻找实施高效课堂的流程——导学、独学、合学、展示、点评、质疑、点拨等要素的最佳组合方式。此外通过临帖、入帖、破帖阶段课堂状况"可视性"对比，增强教师实施高效课堂的自信心和成就感。

四、捆绑制赛课

针对学校优质课赛讲已沦落为优秀教师的专利，以及校本教研课要么形同虚设、要么低水平徘徊的现状，学校可以尝试"以年级组为单位的捆绑制赛课"新方法。

"捆绑制赛课"操作策略如下：教导处（教科室）每周让年级学科组长抽签决定本组参加本周赛课的教师；各教研组可采用"同课异构、一课多轮"等行之有效的磨课方法进行充分准备；在各年级学科组的赛课教师达到最优状态时，进行校级公开课赛讲；赛课成绩由学校学术委员会成员考评；"一损俱损、一荣俱荣"，该教师赛课的成绩代表整个小组每个人的成绩。

因赛课成绩捆绑，做课教师及本组科任教师对赛课格外重视。"教师拟定初稿——集体备课商议——试讲——小组讨论——修改导学案——再试讲——再研究"的模式会日渐成熟，真正形成议课文化——做课教师诚恳请教，观课教师尽力帮助。另外借助"磨课、赛课"这个有效平台，增加了青年教师上校级公开课的机会，缩短了青年教师成长的周期。

五、名师名课的课堂实录、课堂视频可以这样用

许多中小学教师因各种原因无法亲临现场观摩名师教学的风采，而名师名课渗透的教育思想、教育理念、特色的教学设计、精湛的教学风格是对一线教师培训有重要意义。为此校本研修可以加入赏析、揣摩名师名课的课堂实录、课堂视频这一环节。

1. 双循环赏析揣摩课堂实录

让教师在认真阅读课堂实录，整体消化实录、总结实录基础上把实录还原成教学设计，然后进一步把教学设计还原成教学理念。这样的过程让教师在研修过程中既"上得了天"——学思想；又"下得了地"——学技术。

对比中学习名师课堂视频：首先，让教师在看视频之前，思考假设我上这节课会怎么上，写出自己详细的教学设计及理论依据。然后，观看名师课堂视频，揣摩各师这节课的设计思路。第三，思考名师这样设计背后支撑的教学理念、教育思想。最后，比较两种设计异同，借鉴吸收完善自己的教学设计。

2. 课堂实录与课堂视频微格学习

借助播放中暂停还原功能，对名师情景导入、问题设计、课堂用语、课堂评价、教学机智、偶发事件处理等环节进行微格揣摩体验感悟、反思。

采用"我会怎么做？名师怎么做？为什么他这样做？还有没有更好的方法"四问法进行。

还要通过实录与视频比照，深入思考如何撰写一份高质量的课堂实录。

当然也可以让教师归纳各师课堂的共同要点，提炼归纳名师课堂的艺术风格及个人魅力。

教学管理的三个小创意

一、快乐活动十分钟

进入夏季后，师生都要午休，午休起床后精神状态一时调整不过来，下午第一节课往往效果不太理想。

破解的方法：快乐活动十分钟，精神振奋一下午。

下午正式上课前，以班为单位，开展十分钟精彩展示活动：学生可进行课本剧片段表演、诗朗诵、讲小笑话、唱歌、跳舞等才艺展示；也可以由教师组织学生开展抢座位、反口令动作、"明七暗七说过"等趣味游戏活动；还可以开展做眼保健操、全脑记忆操、开发智力的手指操等适合在室内健身的运动项目。

借助活动既让学生展示了才艺、开发了智力、锻炼了身体，又让学生从午睡倦怠中走了出来。

二、涂鸦板（墙）、美化作业本

小学生特别爱在墙壁上乱刻乱画，甚至学科作业封面也画上花、小狗、小猫、小人等，班主任、各科教师对此事屡禁不止。

对新事物非常敏感，对学会东西急欲展示，好奇好动是儿童的天性，因此应该加以呵护、引导，而不是扼杀孩子创作天性。

学校不妨在楼道的醒目位置设置一块（面）涂鸦板（墙），学生想写什么就写什么，想画什么就画什么，让其随意涂鸦。

至于学生在作业封面乱画，某种程度上体现了学生对单调、统一、缺乏童真童趣的作业本的反抗，是孩子个性审美情趣的表达与张扬。

学校可以开展"我的作业本封面我设计"的作业本封面创意大赛，让美术教师指导，作为一次美术实践活动。学校可以开展评比，对优秀设计可以进行校级展示，甚至推荐给厂家做作业本封面，当然要保护孩子的知识产权。

三、数字化管理

督导学校时，常可以发现政教处、教学中心对学生迟到、缺交作业、书写不规范、不按时参加兴趣小组、安全纪律等常规管理监控要么小题大做，动不动大会讲、小会说，要么平常视而不见，待积重难返时，才忙于补救，也就是说管理随机性比较强，对事情判断处置完全凭感觉、凭经验、凭责任心，属于粗放型的经验管理、感觉管理。

建议各科室针对上述事项做成日周月统计表，利用电脑软件将统计表转化成统计图。当全校某项指标达到一定数值、比例时，需要预警、需要警示、需要处置、需要采取措施。要分清是一个班或一个年级问题，还是全校性的问题，是某一学科问题还是所有学科存在的共性问题，这样就可避免"一人感冒，全校吃药"现象发生，也就使学校提高了管理的科学性、准确性、有效性。

让数字说话，用数字管理。

学业报告单设计的一个参考样本

2013—2014 上学期实新学子综合素养报告单

班级：_____　姓名：_____　综合素养评价：_____　班主任：_____

一、身体基本素质测查（数据出自校年度体检）

项目	身高	体重	身高体重指数	视力		肺活量	血压	龋齿		发育及素养评估
				左	右			上	下	
成绩										

二、学业测查（核心课程、特色课程、艺术课程）

科目	学习素养				第一次月考	备注	期中考试	备注	第二次月考	备注	期末成绩	备注
	作业	自学	合学	课程展示								
语文						班平均分		班平均分		班平均分		班平均分
数学												
英语												

特色课程	课外阅读	国学经典	百科知识	高效读写		书法艺术
				速度	感知力	

（续表）

体育	理论知识	专业技能	总评	品德	理论知识	实践考核	总评
音乐	乐理知识	专业技能	总评	美术	理论知识	专业技能	总评
微机	理论知识	专业技能	总评	品德	理论知识	操作（实践）	总评

三、学习因子统计分析图

学习兴趣（A）、学习习惯（B）、学习方法（C）、学习态度（D）、学习能力（E）、学习效果（F）等学习因子决定了学生的学习成绩，为此任课教师特将学生的学习因子评估为优、良、中、差四个层级，将相关联的评估点连接起来后就可以观察出学生的发展现状和最具潜力发展区域。

科目	兴趣	习惯	方法	态度	能力	效果
语文						
数学						
英语						

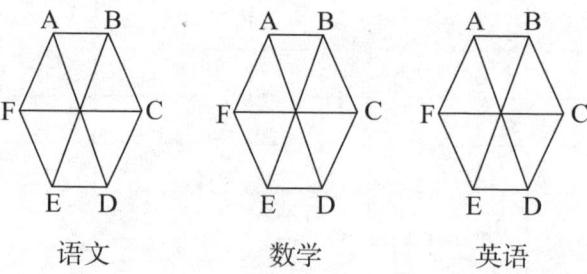

语文　　　　数学　　　　英语

四、学业成绩统计曲线图

下图为学业成绩统计曲线图。语文、数学、英语三科成绩分别用红色、黑色、蓝色笔标出。

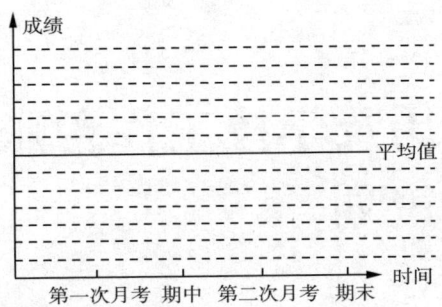

五、学业成绩评估分析

结合成绩曲线图、学习因子统计分析图进行分析

语文：_____

_____。

数学：_____

_____。

英语：_____

_____。

审核：实新学校校务处 2014 年元月

学校行政历及学校工作台账的创意和策划

周历	月	8	8	8	8	8	8	8	8	8	8
	日	6	7	8	9	10	11	12	13	14	15
	周	二	三	四	五	六	日	一	二	三	四
节历节日		国际电影节	立秋	全民健身日					上海"八·一三"事变纪念日		雷锋逝世纪念日
月主题		教师培训、学生报到									
周目标		完成新学期教师"五新"业务培训									

教育教学工作台历	预备周工作项目	工作主题、内容	负责科室及完成时间	年度项目增删及理由
		1. "新理念、新课程、新课堂、新技术、新教师"五新专题培训。 ①教师适用新技术专题培训；教师职业道德、学校管理制度解读。 ②邀请全国十佳班主任进行班级管理专题培训。 ③实新学校教学常规解读。 ④"我为实新发展献计献策"金点子征集活动；"我为校训添光彩"校训解读征文；"解剖自我、正视自我、发展自我"教师演讲比赛。 ⑤实新"五新"暑期培训结业考试。	各科室 8月15日	增加项目 3、4、5。理由：把工作前置，提前将内容及方案设计好，开学后就能有条不紊地进行。如体、音、美的方案，提前制定好后，开学就按照方案如期进行。提前进行校园文化改造，让学生耳目一新。
		2. 采购书籍、办公用品；检修电子屏、电脑、网络等设备；整理学生寝室、餐厅、教室等。	各科室 8月16日	
		3. 电子屏音乐鉴赏、电视赏析选定内容。	音乐组 8月15日	
		4. 体音美小组筹划本学期体育节、艺术节、元旦文艺会演方案。	音体美科任组 8月15日	
		5. 启动校园文化建设。	校务处 8月18日	

周增加项目及理由	
周删除项目及理由	

	重点工作前置思考		提前安排培训内容，确立培训时间、培训专家、考试内容等；注意夏季培训提前确立好培训地点。		
科室教育教学反思台历	周分管固定工作盘点	项目一			备注
		项目二			
		项目三			
	周分管项目过程记录	项目一			
		项目二			
		项目三			
	周分管项目改进与反思	项目一			
		项目二			
		项目三			

周历	月	8	8	8	8	8	8	8	8	8	8	8	8
	日	18	19	20	21	22	23	24	25	26	27	28	29
	周	日	一	二	三	四	五	六	日	一	二	三	四

节历	节日				中元节	邓小平诞辰纪念日	处暑			全国律师咨询日			

月主题	教师培训、学生报到
周目标	完成学生报道工作，开展少年军校展示活动

		工作主题、内容	负责科室及完成时间	年度项目增删及理由
教育教学工作台历	本周工作项目	1. 打扫教室、办公室、宿舍、校园卫生，全方位做好迎生工作。	各科室 8月19日	增加 3、5、9、10。理由：开展励志报告会，让学生在开学初树立远大的志向，以学长为榜样，以实新为骄傲；军训活动对学生的意志磨炼、行为习惯培养、团队意识激励等有积极作用；台账管理能让学校达到精细化管理；寝室文化的更新旨在为学生提供一个家的环境。
		2. 学生报到注册、安排食宿，发放教学、生活用品。	全体教职工 8月20日	
		3. 开学典礼暨"立状元志、念状元经、走状元路"主题报告会，并邀请家长委员会成员。	教导处 8月22日	
		4. 各科室根据行政历安排制定工作计划。	各科室 8月20日	
		5. 生活习惯、行为习惯、学习习惯、学生军训专项培训；制定班级公约、筹备主题学习馆。	少先队及教导处 8月27日	
		6. 筹建第四届学生自主管理委员会；校级领导巡校、巡课开始。	校务处及少先队 本学期随机抽查	
		7. 启用班情档案、班主任工作手册、观课议课记录。	少先队及教导处 8月20日	
		8. 详细制定接送安排、开展接送演习，安排好第一次接送工作。	生活部 8月26日	
		9. 整理各部门流程；实施台账、项目管理。	校务处 8月28日	
		10. 启动寝室文化建设。	少先队及生活部 8月29日	

周增加项目及理由	
周删除项目及理由	

重点工作前置思考		提前打扫教室、办公室、校园、寝室卫生，安排好学生报到当天接待人员。将校园内的电子屏内容拟定好并全部调试好，拟定好报到须知的内容，提醒家长先到寝室安排住宿再到教室填写基本信息。举行活动时提前将音响设备调试好。												
科室教育教学反思台历	周分管固定工作盘点	项目一												备注
		项目二												
		项目三												
	周分管项目过程记录	项目一												
		项目二												
		项目三												
	周分管项目改进与反思	项目一												
		项目二												
		项目三												

周历	月	9	9	9	9	9	9	9	9	9	9	9	9
	日	1	3	3	4	5	6	7	8	9	10	11	12
	周	日	一	二	三	四	五	六	日		二	三	四
节历	节日			抗日战争胜利纪念日				白露	世界扫盲日	毛泽东逝世纪念日	教师节		
月主题						学习节							
周目标		完成教师节系列活动以及各部门招新工作，上好优秀教师示范课、新教师形象课。											

		工作主题、内容	负责科室及完成时间	年度项目增删及理由
教育教学工作台历	本周工作项目	1. 组织收看《开学第一课》。	少先队 9月2日	增加 5、6、10。理由：将班级文化建设以主题化形式呈现；及早进行队伍训练，提高我校在体育比赛中的竞争力；将百科知识与学科相结合，促进学生全面发展；培养补差从开学抓起，提升学生成绩竞争力。调整原百科知识观看项目，节目中有部分内容不适合学生观看。
		2. 优秀教师上示范课，新教师上形象展示课。	教导处 9月11日	
		3. 举行自主管理委员会成员就职仪式，对自管会成员进行专题培训使其全面履行岗位职责。	少先队 9月9日	
		4. 春笋文学社吸收新社员；广播站、电视台竞聘主持人、小记者。	教导处及少先队 9月10日	
		5. 各班筹建班级图书角，启动主题学习馆。	教导处、年级组长 9月7日	
		6. 筹建体、音、美、微机、英语兴趣小组，启动大课间文体活动，组建田径、乒乓球、跳绳、踢毽子校队。	科任处 9月3日	
		7. 3—6年级"同读一本书"启动，导读提纲启用，班级自由阅读开始。	教导处 9月1日	
		8. 毕业班动员大会，启动小六竞赛备考工作，做好英语单词、句型训练日的周训练计划及考核方案。	教导处 9月11日	
		9. 庆祝教师节优秀祝福语、贺卡制作比赛。	少先队、美术组 9月10日	
		10. 启动学科知识相关联的百科知识竞赛；启动年级培优补差工作。	少先队、年级组长 9月7日	
		11. 筹划家长委员会。	校务处 9月12日	

重点工作前置思考		提前培训教师备课、候课、上课、作业辅导等教学常规，狠抓第一节课、第一次作业，领导班子多巡课及时发现问题解决问题。关注新教师的思想动向，多沟通指导！		
科室教育教学反思台历	周分管固定工作盘点	项目一		备注
		项目二		
		项目三		
	周分管项目过程记录	项目一		
		项目二		
		项目三		
	周分管项目改进与反思	项目一		
		项目二		
		项目三		

周历	月	9	9	9	9	9	9	9	9	9	9	9	9	9	9
	日	15	16	17	18	19	20	21	22	23	24	25	26	27	28
	周	日	一	二	三	四	五	六	日	一	二	三	四	五	六
节历	节日	国际臭氧层日	九一八事变纪念日	中秋节	爱牙日		国际和平日	无车日	秋分					世界旅游日	孔子诞辰

月主题		学习节	

周目标		做好第一次月考工作以及学习节、中秋节其他系列活动。		
教育教学工作台历	本周工作项目	工作主题、内容	负责科室及完成时间	年度项目增删及理由
		1. 2—6年级第一次月考，强化书写习惯、答题规范、检查的习惯及考后反思。	教导处、语数英老师 9月24日	增加 6、8、10。理由：将"读写资源报"调整为两报，提升学科的课堂质量；欢度教师节，感受节日文化。
		2. 筛选偏科学生名单、制定偏科转化方案	教导处、年级组长 9月26日	
		3. 集体备课小组展示，高效课堂反思展评，优质课件评选	教导处、学科组长 9月22日	
		4. 检查校本课程进展情况。（古诗词、国学经典、名言警句、实用成语）	教导处、语文学科组长 9月25日	
		5. QQ币超市第一次营业。	少先队 9月22日	
		6. 出版第一期"作文指导报""阅读资源报"。	教导处、春笋文学社 9月24日	
		7. 筹建班级家长会，举行家长委员会换届选举。	校务处、班主任、辅导员 9月26日	
		8. 科任组优质课评讲。	科任组 9月24日	
		9. 拍摄第一期校园DV。	少先队 9月22日	
		10. 学生"中秋文化周"系列活动，教师中秋节联欢会。	少先队、音乐组 9月19日	

周增加项目及理由	
周删除项目及理由	

| 重点工作前置思考 | | 根据进度做好月考前的出卷、监考安排以及考后的改卷、登分、讲评、总结等工作。主要关注学生的书写习惯、答题规范、检查的习惯及考后反思。根据学生的喜好提前布置 QQ 超市里面的商品,选拔好营业员、收银员、安保人员,组织好第一次营业。 | | |

科室教育教学反思台历	周分管固定工作盘点	项目一		备注
		项目二		
		项目三		
	周分管项目过程记录	项目一		
		项目二		
		项目三		
	周分管项目改进与反思	项目一		
		项目二		
		项目三		

周历	月	10	10	10	10	10	10	10	10	10	10	10
	日	3	4	5	6	7	8	9	10	11	12	13
	周	四	五	六	日	一	二	三	四	五	六	日
节历节日			世界动物日				寒露	世界邮政日	心理健康日		世界粮食日	建队日重阳节
月主题							读书节					
周目标					启动主题学习展示活动,开展"3321"高校课堂优质课赛讲。						

		工作主题、内容	负责科室及完成时间		年度项目增删及理由
教育教学工作台历	本周工作项目	1. 检查国庆长假社会实践作业,各班针对实践作业的内容开展交流活动。	教导处、学科组长	10 月 7 日	
		2. 迎建队节发展新少先队员。	少先队	10 月 9 日	
		3. 班级文化巡展——主题学习馆。	教导处、年级组长	10 月 8 日	
		4. 图书角存书,使用情况检查、评比;兴趣小组检查验收。	教导处及科任组	10 月 10 日	
		5. 教研组电子白板背景下的"3321"高效课堂优质课赛讲。	教导处、学科组长	10 月 12 日	
		6. 年级作文、句段、优秀作业展评。	教导处、年级组长	10 月 11 日	
		7. 督察体音美兴趣小组的体育节、艺术节、元旦会演筹备情况。	科任组	10 月 7 日	
周增加项目及理由					
周删除项目及理由					

重点工作前置思考			做好新少先队员入队的准备工作，筹划好入队仪式。主题学习馆的巡展形式为先年级开展，再校级巡展。注意积累经验，做好总结与反思。						

科室教育教学反思台历	周分管固定工作盘点	项目一							备注
		项目二							
		项目三							
	周分管项目过程记录	项目一							
		项目二							
		项目三							
	周分管项目改进与反思	项目一							
		项目二							
		项目三							

	月	10	10	10	10	10	10	10	10	10	10	10	10
周历	日	20	21	22	23	24	25	26	27	28	29	30	31
	周	日	一	二	三	四	五	六	日	一	二	三	四
节历	节日			长征胜利纪念日		霜降	联合国日	世界勤俭日					

月主题	读书节
周目标	第二次月考，百科知识竞赛

教育教学工作台历	本周工作项目	工作主题、内容	负责科室及完成时间		年度项目增删及理由
		1. 各年级把握教学进度迎接期中考试。	教导处、年级组长	10 月 22 日	
		2. 2—6 年级第二次月考以及月考总结研讨会；培训补差座谈会。	教导处、学科组长	10 月 29 日	
		3. "英语单词、句型"达标验收。	英语组	10 月 26 日	
		4. 校本课程、课外阅读考试。	教导处、年级组长	10 月 25 日	
		5. 班主任、辅导员经验交流会。	教导处	10 月 30 日	
		6. 出版第二期"作文指导报""阅读资源报"。	教导处、春笋文学社	10 月 27 日	
		7. 拍摄第二期校园 DV。	少先队	10 月 27 日	
		8. 科任优质课赛讲。	教导处、科任组	10 月 30 日	
	周增加项目及理由				
	周删除项目及理由				

重点工作前置思考		期中考试前注意教学进度，留出复习时间，复习时注意抓住课本知识，并进行适当的延伸。经验交流会提前布置，学校审核，交流内容多样化。		
科室教育教学反思台历	周分管固定工作盘点	项目一		备注
		项目二		
		项目三		
	周分管项目过程记录	项目一		
		项目二		
		项目三		
	周分管项目改进与反思	项目一		
		项目二		
		项目三		

	月	11	11	11	11	11	11	11	11	11	11	11	11
周历	日	3	4	5	6	7	8	9	10	11	12	13	14
	周	日	一	二	三	四	五	六	日	一	二	三	四
节历	节日					立冬	记者节	消防宣传日			刘少奇逝世纪念日		
月主题							体育节						
周目标						完成期中考试以及相关表册填写，开展穿越社会实践活动							

		工作主题、内容	负责科室及完成时间		年度项目增删及理由
教育教学工作台历	本周工作项目	1. 期中考试，并根据期中考试检测发现问题、讨论问题、解决问题。	教导处、学科组长	11月9日	增加 6、7。理由：将防火训练常态化，让学生在平时的学习生活中养成良好的避险习惯。年度野炊活动旨在让学科知识和实践活动相结合，锻炼学生的动手、动脑解决问题的能力。
		2. 填写《家校联系卡》《五语连心式评价表》。	少年队、年级组长	11月12日	
		3. 教师阅读经验交流会。	教导处	11月10日	
		4. QQ币超市第二次营业。	少先队	11月11日	
		5. 对班级学生的养成教育、习惯教育、写字效果进行考评。	教导处、少先队	11月13日	
		6. 学生制作家庭火灾逃生路线图，学校举行冬季防火安全演练。	少先队、全体老师	11月9日	
		7. 年度穿越野炊社会实践活动。	校务处、年级组长	11月12日	
周增加项目及理由					
周删除项目及理由					

重点工作前置思考			提前观看防火、灭火、逃生知识，开展主体班会，安排好组织人员，确定好各班学生的逃生路线以及疏散地点，注意演练的安全。提前制定穿越方案，确立穿越地点及项目。			
科室教育教学反思台历	周分管固定工作盘点	项目一				备注
		项目二				
		项目三				
	周分管项目过程记录	项目一				
		项目二				
		项目三				
	周分管项目改进与反思	项目一				
		项目二				
		项目三				

周历	月	11	11	11	11	11	11	11	11	11	11	11	11
	日	17	18	19	20	21	22	23	24	25	26	27	28
	周	日	一	二	三	四	五	六	日	一	二	三	四
节历节日		国际大学生节			国际儿童日	国际问候日	小雪						
月主题		体育节											
周目标		开展趣味运动会，进行年级捆绑制赛课											

		工作主题、内容	负责科室及完成时间		年度项目增删及理由
教育教学工作台历	本周工作项目	1. 第十四届趣味运动会暨校园体育节。	体育组	11月25日	
		2. 教研组捆绑制赛课。	教导处、年级组长	11月26日	
		3. 各科优秀作业展览。	教导处	11月25日	
		4. 出版第三期"作文指导报""阅读资源报"。	教导处、春笋文艺社	11月23日	
		5. 拍摄第三期校园DV。	少先队	11月24日	
		6. 班主任、生活教师培训。	教导处	11月26日	
		7. 督察各班的行为习惯、生活习惯、学习习惯。	少先队、执勤教师、年级组长	11月21日	
周增加项目及理由					
周删除项目及理由					

重点工作前置思考		根据天气情况，确定比赛时间，各班事先将项目练习好，增强比赛的竞争性。裁判熟悉比赛规则，比赛时注意秩序，安排好值勤教师，防止学生在草地挖坑、拔草及打闹、攀爬体育器材等。		
科室教育教学反思台历	周分管固定工作盘点	项目一		备注
		项目二		
		项目三		
	周分管项目过程记录	项目一		
		项目二		
		项目三		
	周分管项目改进与反思	项目一		
		项目二		
		项目三		

周历	月	12	12	12	12	12	12	12	12	12	12	12	12
	日	1	2	3	4	5	6	7	8	9	10	11	12
	周	日	一	二		三	四	五	六	日	一	二	三	四
节历节日		世界艾滋病日		世界残疾日							世界人权日		西安事变
月主题		艺术节											
周目标		音乐组筹划演出节目，制作年底专题片											

教育教学工作台历	本周工作项目	工作主题、内容	负责科室及完成时间		年度项目增删及理由
		1. 教师踢毽子、跳绳比赛。	体育组	12月7日	增加 7、8。理由：将家长会、年检需要材料前置化，提前筹备。
		2. 科任组优质课大赛。	科任组	12月9日	
		3. 2—6年级口算比赛；3—6年级作文比赛。	教导处、学科组长	12月10日	
		4. 举行四五年级迎"圣诞"英语手抄报比赛。	英语组	12月6日	
		5. 美术完善艺术节所有项目，音乐组基本确定元旦文艺会演节目。	美术组、音乐组	12月11日	
		6. "书香致远"师生演讲比赛。	教导处	12月6日	
		7. 制作年度专题片。	校务处	12月10日	
		8. 准备年检材料。	校务处	12月8日	
	周增加项目及理由				
	周删除项目及理由				

重点工作前置思考		提前研读年检细则，分类整理各科室档案，根据年检要求建立年检专用档案。提前确定专题片的主题、文字提纲、图片视频等所需材料，内容突现学校特色、学生生活、大型活动、办学条件、学校业绩等。												

科室教育教学反思台历	周分管固定工作盘点	项目一												备注
		项目二												
		项目三												
	周分管项目过程记录	项目一												
		项目二												
		项目三												
	周分管项目改进与反思	项目一												
		项目二												
		项目三												

	月	12	12	12	12	12	12	12	12	12	12	12	12
周历	日	15	16	17	18	19	20	21	22	23	24	25	26
	周	日	一	二	三	四	五	六	日	一	二	三	四
节历节日					雷锋诞辰纪念日		澳门回归纪念日		冬至			圣诞节	毛泽东诞辰日

月主题	艺术节
周目标	第四次月考；开展第七届艺术节；启动学年家长会。

		工作主题、内容	负责科室及完成时间		年度项目增删及理由
教育教学工作台历	本周工作内容	1.1—6年级月考。	教导处、学科组长	12月21日	增加 5. 理由：增加"五小"科技活动旨在提升学生的创造能力。
		2. 迎"元旦"师生书法展评。	教导处	12月20日	
		3. 拍摄第四期校园DV	少先队	12月21日	
		4. 出版第四期"作文指导报""阅读资源报"。	教导处	12月19日	
		5. 美术组、科学组开展第七届艺术节暨第五届科技节（"五小"科技活动——小创意、小制作、小实验、小发明、小论文）	美术组、科学组	12月22日	
		6. 开展本学期班级家长会。	校务处、班主任、辅导员	12月22日	
		7. "我又长大了一岁"征文活动。	教导处	12月21日	
		8. 设计、出版实新校报。	校务处	12月25日	
		9. 举行圣诞晚会。	英语组	12月25日	
周增加项目及理由					
周删除项目及理由					

重点工作前置思考			提前确定家长会的场地、流程、负责人,领导班子验收各班的节目,提前彩排。提前确定校报的主题、文字、图片材料等,内容结合学生实际、寒假生活、实践作业、大型活动等。	
科室教育教学反思台历	周分管固定工作盘点	项目一		备注
		项目二		
		项目三		
	周分管项目过程记录	项目一		
		项目二		
		项目三		
	周分管项目改进与反思	项目一		
		项目二		
		项目三		

周历	月	12	12	12	1	1	1	1	1	1	1	1	1
	日	29	30	31	1	2	3	4	5	6	7	8	9
	周	日	一	二	三	四	五	六	日	一	二	三	四
节历节日					元旦				小寒	中国 13 亿人口日		腊八节	
月主题		期末考试											
周目标		元旦文艺会演;相关刊物出版;表册填写。											

教育教学工作台历	本周工作内容	工作主题、内容	负责科室及完成时间		年度项目增删及理由
		1. 各年级做好期末竞赛备考工作。	教导处、学科组长	1月2日	
		2. 出版文学社社刊、年级作文选刊、活动课分类汇总。	教导处、春笋文学社、年级组长	1月4日	
		3. 元旦文艺会演。	音乐组	1月1日	
		4. 举行第二届家长委员会第二次会议。			
		5. 百科知识竞赛;组织科任学科以及校本课程考试。	教导处及科任组	1月5日	
		6. QQ币超市第三次营业。	少先队	1月4日	
		7. 期末成长档案袋、学业报告单的填写。	少先队、全体教师	1月9日	
周增加项目及理由					
周删除项目及理由					

重点工作前置思考		提前对元旦会演的节目进行彩排，在演出前进行两次预演，准备好所需要的服装、化妆品、道具等。									

科室教育教学反思台历	周分管固定工作盘点	项目一									备注
		项目二									
		项目三									
	周分管项目过程记录	项目一									
		项目二									
		项目三									
	周分管项目改进与反思	项目一									
		项目二									
		项目三									

周历	月	1	1	1	1	1	1	1	1	1
	日	12	13	14	15	16	17	18	19	20	21
	周	日	一	二	三	四	五	六	日	一	二
节历节日		刘胡兰牺牲纪念日								大寒	列宁逝世纪念日

月主题	期末考试
周目标	期末考试以及期末考试档案整理，评优评先工作。

教育教学工作台历	本周工作内容	工作主题、内容	负责科室	及完成时间	年度项目增删及理由
		1. 组织期末考试以及抽测考试。	教导处、学科组长	1月13日	
		2. 各教研室、科任教师工作总结。	教导处、全体教师	1月15日	
		3. 期末评优。	少先队、班主任	1月16日	
		4. 学科电子导学案汇总；学校文件材料、表册存盘。	教导处、年级组长	1月16日	
		5. 班级、寝室财产清查验收，教学用品归还书香苑。	后勤部	1月19日	
		6. 导读提纲、社团活动记录、教研组工作总结、班情档案、班主任工作手册、晨检记录表等表册上交。	教导处、年级组长	1月19日	
		7. 散学典礼及寒假工作安排。	少先队	1月21日	
		8. 初步制定下学期计划。	各科室	1月20日	

周增加项目及理由	
周删除项目及理由	

重点工作前置思考		各科室上交档案时注意格式一致，提前布置教师离校时的教室、寝室卫生任务，关注学生离校前的心理动向。在散学典礼仪式中重点强调寒假期间的安全。		
科室教育教学反思台历	周分管固定工作盘点	项目一		备注
		项目二		
		项目三		
	周分管项目过程记录	项目一		
		项目二		
		项目三		
	周分管项目改进与反思	项目一		
		项目二		
		项目三		

学校日、周、月项目安排样本

教师一日生活流程

时间	内容	具体要求
早上	起床、签到	教师在学生起床前签到，签到后到学生宿舍协助生活老师帮助学生整理内务。执勤老师要提前20分钟签到，巡视校园安全及卫生。
	晨练、晨会	晨练时间教师和学生们一起跑步、做广播操，同时注意学生的纪律、口号、安全，晨练结束后以年级为单位，由年级组长召开本年级的晨会，各班还要以班级为单位召开班级晨会，晨会内容以学生行为习惯养成教育、德育教育、校园文化讲解为主题。
	晨检	观察学生是否有生理、心理、学习、思想表现等方面的问题。
	晨读	早读的老师注意指导学生背诵本学科的相关内容。
	早餐	组织学生就餐，在等待区时要背诵古诗词或者吟唱歌曲，注意学生在餐厅的纪律和文明礼仪。
上午	卫生保洁	餐后依据流程打扫清洁区卫生，重点整理卫生区死角。
	公共课	遵守高效课堂公约，积极参与讨论、展示、点评等合作学习活动。一二年级第二节课后注意组织加餐。
	眼保健操	第二节课下课后老师停止其他一切活动，全身心投入做眼保健操，并负责学生纪律。
	大课间	全体老师整齐划一、刚健有力、富有动感地参与完成广播体操，韵律操等。
	活动课	一二年级第四节课为活动课，老师提前将授课通知单找相关领导审批。
	午餐	组织学生就餐，在等待区时要背诵古诗词或者吟唱歌曲，并注意学生在餐厅的纪律和文明礼仪。

（续表）

时间	内容	具体要求
下午	午休	全体老师按照自己负责的寝室，协助生活教师督促学生规范洗漱、快速就寝，等学生安静后方可离开，值勤教师在自己值勤区域巡视。
	公共课	遵守高效课堂公约，积极参加讨论、展示、点评等合作学习活动。一二年级第二节课后组织加餐。
	眼保健操	第二节课下课后老师停止一切活动，全身心投入做眼保健操，并负责学生纪律。
	体育超市	负责体育超市的老师提前到指定区域将物品摆放整齐，引导学生文明活动，体育超市结束后将所负责物品整理归位。
	日日清	反思、梳理、归纳当天所学的基础知识。
	选修课	负责体、音、美、科学、书法等兴趣小组的老师按照要求上课。
晚上	晚餐	组织学生就餐，在等待区时要背诵古诗词或者吟唱歌曲，并注意学生在餐厅的纪律和文明礼仪。
	看电视	生活老师到教室组织学生收看校园电视台节目，维持秩序。
	晚自习	老师辅导学生完成当日写日记、练字任务；晚自习时间反思、梳理、归纳当天所学的基础知识。
	就寝	各岗位老师按照学校安排督促学生就寝，学生安静后方可离开，值勤老师务必等学生全部就寝后方可填表。

周固定项目

项目	流程
交流课	社会信息交流课在返校当天的晚自习时间（低年级在看电视时间）由班主任老师组织开展，交流内容以实践作业、周末见闻为主，开展形式应丰富多样，高年级尽量让学生主持，锻炼学生能力。
升旗	周一上午大课间升旗，班主任维持会场纪律，其他教师站在会场的边缘。教师以身作则，注意升旗礼仪。
例会	全体教师周一晚上准时参加例会，不得迟到，遵守会场秩序。
社团活动	社团活动内容在周四前提前交，由学校主管领导审核，周六第二节课后开始，时间四十分钟。组织老师按时组织学生活动，保证活动质量，其他老师按照学生社团活动日值勤表安排准时到岗、切实履行值勤职责。

（续表）

项目	流程
大扫除	社团活动结束后由辅导员、班主任组织学生按照各区域卫生打扫流程、标准进行大扫除；五六年级每班选派五人到一二年级班级协助打扫卫生。
教师联欢	全体教师每周六看电视结束，安排学生晚寝后，到四楼多功能厅参加联欢，不迟到、不离场、不早退，积极配合，踊跃参加。
洗头、洗澡	班主任、辅导员、寝室负责教师、生活教师按照学校安排准时到岗协助学生洗头、维持现场秩序，督促学生在大池内泡澡，然后到花洒下搓澡，并冲洗干净，老师逐一检查，负责教师注意每位学生的安全。
作业布置	作业以社会实践作业、亲情作业为主；书面作业要适量。
接送	早上起床后，早操时间学生在寝室内整理行李，寝室负责老师注意检查；班级晨会要强调离校时的纪律、卫生、安全，注意检查学生的个人卫生。11：30之后，家长可以接学生，午饭后，带车老师与协助老师组织学生排队、等车，强调本路线学生的纪律、车内卫生及乘车安全。带车老师履行职责，保证每位学生安全到家，准时返校。
周周清	年级组长提前一周将题出好，并交由学校审核，返校当天按照学校规定时间考试。做好监督安排以及考后的改卷、登分、讲评、总结等工作。主要关注学生的书写习惯、答题规范、检查的习惯及考后反思。

月固定项目

项目	流程
月考	根据进度做好月考前的出卷、监考安排以及考后的改卷、登分、讲评、总结等工作，主要关注学生的书写习惯、答题规范、检查的习惯及考后反思。
工资考核	学校相关领导于月末对老师当月工作、教学成绩进行动态考评。
百科知识	年级组长于月末组织本月的年级百科知识擂台赛，擂台赛操作规程提前五天报少先大队审核，并组织老师整理下一月的试题。
校园DV	电视台负责人员将本月特色活动、德育典范、习惯标兵等内容编排到DV栏目中，并于月倒数第二周的星期二晚上在看电视时间播放。

（续表）

项 目	流 程
Q币超市	根据学生的喜好提前布置 QQ 超市里面的商品，选拔好营业员、收银员、安保人员，组织好活动秩序。
生日PARTY	每月末离校前一天晚自习时间，由班主任、辅导员老师设计好活动流程，班主任辅导员老师共同开展。
家长、学生评价教师	学校出题，抽查问卷；随机打电话征求家长意见。学校汇总，纳入师德考评。
作文指导报阅读资料报	负责人提前搜集材料，年级组长按要求提供资源，每月月末由阅读指导中心和春笋文学社负责编辑、印刷、发放、使用、反馈。

反思集的制作与使用

一、制作反思集的重要意义

有调查者研究发现，多数同学答卷中所出现的错误，90％是错误的重犯，真正的新错误不足 10％，而且有 80％以上的学生不会利用平时作业、试卷中出现的错题改进自己的学习，同一错误一而再再而三地重复。

很多成绩优异的同学都有一个共同的经验：给每门功课准备一个反思集。每次考试，特别是大考，他们就会把做错的试题和错误的解法誊抄在反思集上，再在旁边写上正确的答案。这样一比照。各科的薄弱环节就一目了然。抓住薄弱环节也就抓住了复习重点，依据反思集查缺补漏，不失为一个事半功倍的好方法。

反思集可以随时提醒自己曾经的错误，直面错误，而不是自欺欺人，订正完了就以为是学会了。因此，反思集是培养学生正确对待自身错误的一种有效方式。

二、反思集的类型

常见的"反思集"可以分为四种类型：一是索引型，将所有错题的题目抄下来，做成一个错题索引本；二是章节型，将所有错题按学科的章节顺序进行分类整理；三是原因型，将所有错题按错误的原因进行分类整理；四是三栏式，将所有错题按学科的章节顺序和错误性质进行分类整理，优点在于既能将错误分门别类，区别对待，又能按原因查找，还能按章节查找易错知识点。对于非知识性丢分可以只给出索引，有效地减轻工作量。通过反思集与错误类型分析可以培养同学们的归纳分析和认知思维能力。

在形式上，既可以采用在原试卷或作业上标注，在"反思集"上做索引的方式，简化"反思集"；也可以采用剪贴方式；还可以对同一类型问题只记录典型题型、难点和出错次数；还可做成活页式，每次查阅时及时更换或补充。要把原来错误的解法清晰地摘要在反思集上，并在下面留白。学生应根据自己的学习习惯，选择一种适合自己的方式，但不可为省事而选择一种偷懒的方式。

三、使用反思集的误区

反思集使用的几个层次：①不使用反思集；②有反思集，仅限于就题改题；③有反思集，能查找出错原因；④分析整理反思集；⑤运用出题法提高自己的解题意识。

学生运用反思集有几个常见误区。误区一：认为建立错题档案太耽误时间，没有用，题目明白了就行了，花时间整理错题还不如多做几道新题。误区二：应付老师，老师查就随便找几道题写在本子上，不查就不写。误区三：重数量，轻质量。只要是错题就整理下来，错题整理了一大堆，却不总结不回顾。误区四：重改错，轻分析。只是把题目的正确答案写在反思集上，没有错因分析或者错因写得过简单，不能写出做错题的实质性原因，只是写"马虎了""粗心了"等等。

四、反思集的运用

1. 整理错题也要有选择。学习上需要整理的错题资源，主要集中在考试测验和作业练习中。通常而言，平时作业中因为不会而做错的题目和在考试中出现的所有错误，都应进行整理。

对于那些"有把握不会重犯的错误"，可以不记，主要关注确实存在知识盲点的错题和有"门道"的错题。否则，如果仅为了完成"整理错题"的任务而把所有的错题重抄一遍，只会浪费宝贵的时间和精力，得不偿失。

2. 当日错当日整理，一是避免遗忘，二是及时总结和消化。除了平时要注意及时整理与总结，还可以与同学进行反思集交流。虽然每位同学的反思集不尽相同，但其他同学的反思集也可以借鉴提醒。

3. 反复阅读反思集。整理好后不要束之高阁，不能满足于看一看，翻一翻就觉得自己已经掌握了。对每一道知识性错题，应根据相同或相关的典型题，去查找课本或资料，找到每道题的解题依据，找出错的原因。对于不太熟悉的内容，一定要打破砂锅问到底，反复练习，掌握其解题规律，以便用一个点的解决带动一条线的解决，用一条线的解决带动一个面的解决。只有把典型题弄清楚了，才能应对试题的千变万化。通过对试题的练习和印证，我们还会更加清晰地明白某道题属于某个知识板块，涉及几个知识点，有哪些解题思路和方法。这样让模糊的东西清晰化，随着认识的一步步深化，思维能力也会随之增强。

(4) 学会根据不同的错题归类。

第一种：不会做的题。对于知识性错误，重做一遍两遍错题是十分必要的。这类错误是建立自身知识体系时存在的漏洞，通过重做错题，并认真分析，把这个漏洞补上，就可以健全知识结构体系，锻炼思维能力，用 10 分钟的时间就可取得平时 1～2 小时的收益，并能发现究竟是学习行为方面存在问题，还是某些思维方式需要加以调整。

第二种：模棱两可、似是而非的题。

概念模糊类：这类问题往往是一点就通，但易错点容易被忽视。比如巧妙设置在题中的隐含条件、限制条件和关键词语等问题。

记忆模糊类：这类问题主要是对概念和原理等的理解过于浅显，或记得不牢，或只知其一，不知其二，当问题交织在一起时，便分辨不清，导致答题时似是而非。

第三种：会做的却做错了的题。

顾此失彼类：考题中涉及的知识点多，过程复杂，就会导致学生分析时大脑运转不过来，顾头不顾尾。

审题错误类：还没看清条件就急忙解题。出现这一问题可能是观察得不够仔细，也可能是考试策略不当，或是心理心态不稳，受到了外界的干扰刺激。要养成"袖手于前，疾书在后"的答题风格，以及做完题后进行回顾和总结的习惯，这对增强自己的审题能力极有好处。

第四种：因考试策略导致失误类。

这主要表现在非智力因素培养方面，比如遇到复杂一些的考题，便心生恐惧，头脑发懵以至造成失误，或缺乏答题的速度意识。又或面对比较有把握的考题也自我怀疑，答题时犹豫不决，这也会在一定程度上强化不良的考试情绪，干扰解题的思路。克服这类错误需要平时加强非智力因素方面的训练和培养。

总之，找准失误的原因，对症下药，才能养成良好的学习习惯。同样，改进自己的学习行为可以有效地调整自己的学习状态。通过集中的对错误类型进行分析，抓住主要问题，能够有效地提高知识掌握程度，更重要的，还可以有效地提升自己的学习境界，培养自己的综合素质及能力。

第六篇

班级管理

学困生转化七法

学校不是制造学困生的工厂，更不是培养失败者的牢笼。转化一个学困生与培养一个优等生同样重要。从最后一名学生抓起，不放弃、不抛弃任何一名学困生，应是我们教师恪守的职业道德底线！那么，怎样促进中小学学困生的转化？

中小学生成绩差归因：有的本来很聪明，但是调皮、贪玩，缺乏自我约束能力，家长与学校又缺乏对他们严格而科学的管理，造成了学习成绩差；有的是因为家庭环境、社会环境的不良影响而造成了学习成绩差；有的是因为不良学习习惯长期得不到纠正而造成了学习成绩差；有的是因为长期得不到老师的重视和关爱，失去了自信心，或长期得不到表现自我的机会而产生了自卑感，造成了学习差；有的是因为老师不科学的批评，导致厌学，造成了学习差；有的是因为缺少兴趣和爱好，造成了学习差；有的是因为存在情感、行为障碍，家长与学校又不懂如何矫正，结果造成了他们学习成绩越来越差。

学困生不完成作业（作业拖沓）的归因主要有：书写障碍；懒惰；没兴趣，灰心了；作业不会做，或者障碍太多；挫折感；不喜欢这个老师。

学困生学习马虎考试失利的归因：心急；情绪不稳；害怕；学生只善于领会局部知识，而不善于理解综合的知识；学生短时记忆能力强而长期记忆能力弱；平时成绩并不真实；视觉障碍；缺乏责任感；家长和老师给的压力太大。

教师要学会理性分析，正确归因，以便对症下药。

一、翻转课堂法

在信息化时代，随着网络与多媒体的普及，人们获取信息的方式和途径呈现多元化。"翻转课堂"，借助于信息技术，实现了对传统课堂教学教师知识传授和学生知识内化在时空上的"颠倒"，让学生在课外观看教师的"讲课视频"或"讲座"，学生自主选择学习内容，安排学习进度。利用网络在线学习，便于学情反馈和统计、家长的参与和监督，家长通过观察学生学习"教学视频"的情况，对学生进行更深的了解，更好地配合教师采取一定的干预措施提高学生学习效果，促进学生全面发展。

在传统课堂教学方式中，最受教师关注的常常是成绩好的学生。他们在课堂上积极举手响应或提出很棒的问题。而与此同时，其他学生则是被动听讲，甚至跟不上教师讲解的进度。翻转课堂的引入改变了这一状况，可以暂停、倒带、重放讲座视频，直到听懂为止。而课堂上，教师的时间被释放，可辅导每一位有需求的学生，时间上向有困难的学生倾斜。

二、举三反一法

多数学困生因抽象概括、逻辑推理能力弱，造成学习新知的障碍。因此优等生与学困生在学习引导需求方面也存在较大差异：从学习过程来看，前者适合"迁移"——能够用已有的知识、经验去认识新的知识，解决新的课题或同类知识；后者适合"积累"——对知识、经验、信息等的积聚和整合。从学习方式上来看，前者侧重于知识的学得，后者侧重于知识的习得。因此优等生的新知学习宜采用"举一反三"——演绎、探究式学习；学困生的新知学习适宜"举三反一"——归纳、验证式学习。对学困生来说，通过大量信息的接收、感悟、积累，通过多元、丰富、生动鲜活的正反案例，他们对事理的内涵与外延才能彻底把握，才能透过事理的表象看透事理的本质。对他们来说，只有先"举三反一"，而后才能"举一反三"。

三、学一退三法

学困生知识系统往往不够健全，因而容易出现知识断层，造成学习新知的实际起点低于教材要求的起点。针对知识残缺导致认知的障碍，建议教师在探究新知的教学设计时，要牢牢把握"学什么（学习内容）、怎么学（学习方法指导）、不会怎么办（旧知识链接）"三者的逻辑照应，采取"学一退三"的战略。举例，如学习异分母加法时，就可以采取如下设计思路：

学什么（学习内容）——通过下面例子思考如何计算异分母分数加法？"$2/3+1/5=?$"；

怎么学（学习方法）——思考 $10/15+3/15$ 与 $2/3+1/5$ 有什么区别？如何将异分母转化为同分母？做题思路是什么？（先转化再按同分母计算）；

不会怎么办（学一退三，旧知识链接，习题形式呈现）——退一：同分母分数如何计算；退二：如何通分；退三：通分时怎样找最小公倍数？

从上面例子可以看出，"学一退三"的含义就是在学习新知识时，要向后追问三次，即要学会这个新知识，首先要具备什么知识？具备这个知识又要具备什么基础知识，一直退到学生知识能衔接的地方。

"假如让我把全部教育心理学仅仅归纳为一条原理的话，那么，我将一言以蔽之，影响学生唯一最重要的因素，就是学生已经知道什么。要探明这一点，并应据此进行教学。"我国古代就有"以其所知，喻其不知，使其知之"的精辟论点。学习的实质是新知识与学习者认识结构中已有的适当观念建立非人为的和实质性的联系，是新旧知识相互作用的过程。学生在学习新知识时，会从头脑中搜寻与之有关的知识和经验，用来理解和同化新知识，建立起联系，组成新的认知，形成知识网络，贮存在大脑中。如果把学习活动起点建立在学生的知识经验基础上，学生就会感到亲切、自信，从而产生认知的冲动，积极投入到学习中去，主动的建构知识。

四、课前助学法

有的教师放学后，总是习惯留一些学困生，为他们"开小灶"——补课。当着全体学生的面，教师这样做，似乎不妥：一是学困生很没有面子；二是给学困生了一个负面的自我暗示，"我是学困生，我学不会，老师让我补课"；三是学困生看到同伴高高兴兴回家了，自己还得留下来补课，实在是心不甘、情不愿。这样，补课成了老师"让我学"，而不是学生发自内心的"我要学"，导致补课时学生与教师"斗智斗勇"。有的学生"身在曹营心在汉"；有的学生与教师打"持久战"，"反正你总得让我回家吃饭、睡觉"，熬到点就回家。课后补课常常越补越差，越差越补，出现了恶性循环。同时，学生也患上了"补课综合征"，"谈补色变"。鉴于此，笔者提出变课后补课为"课前助学"，科学的说法应为课前师生共同备课。具体操作方法如下：放学后，留下一部分学生（主要是学困生，也包括一部分中等生，不要让留下的学生一开始就产生负面的心理暗示），召集同学到办公室后诚恳地对同学们说："老师为了准备明天的课，需要同学们帮助一下，看我哪些设计不合理，看哪些我讲的不清楚？"旨在让学生产生一种"我在帮教师备课，而不是教师又逼我补课"的积极心态。通过"课前助学"，教师对这些学生"学情"已心中有数，加之学生课前已听了一遍，课堂上二次消化，掌握程度大大提高。

五、四步纠错法

学困生常常在一个位置上跌两次或更多次跤。有相当数量的学生，一个错误，常常一犯再犯，因此关于订正作业，建议采用四步纠错法。第一步：找出错题的原因，如题目抄错、式子列错、中间数字算错、运算顺序错误、题意不清、混淆概念等。第二步：保留错题，用红笔在旁边规范订正。第三步：要求学生再做一至两道同一类型的习题进行巩固。第四步：梳理、归纳该题所涉及的知识点，进行系统复习。这样学生对错题，不但知其然而且知其所以然，再加上对同一类型题的巩固、强化，可以有效避免类似错误。

另外，不用橡皮或涂改液纠正错误。日本著名教育学家西川英夫，曾将 300 名学生分成两组。一组可使用橡皮涂改作业中的错误，另一组只许在错处用红笔纠正。结果惊奇地发现，使用橡皮的那组学生，在作业相同的情况下，重复错误出现的概率比另一组高出 30%。在学习过程中，学生很容易为新异、醒目的刺激所吸引。用红笔纠正错误，把犯错误的教训保留下来，对帮助学生汲取教训亦是十分有益的。

六、星级练习法

俄国教育家乌申斯基曾有过一个新奇的比喻，他将不能牢固的掌握知识比作喝醉酒的马车夫忘记了将装载的东西捆在车上，只是一个劲地往前赶路，不往后看，结果把东西颠簸丢了也不知道，赶回家去的仅是一辆空马车。捷克教育家夸美纽斯说："假如同一件事情常常得到重叙，到了最后，哪怕智力最低的学生也能领会。"

"星级练习法"，是指学习巩固上次没有掌握的内容，只学习"不会的"。具体讲，就是让学困生对作业、练习册、试卷上错题标记★，一周以后，只看标星号的题目，已经能熟练掌握的题目，就划掉星号；若仍然似是而非、含混不清，即标上★★。一个月后，只复习、研究标有两星的题目,依次类推。经过反复消化、巩固,学生没有掌握的题目越来越少,直至全面掌握。"星级复习法"的好处是,学困生避免了低级、重复的无效劳动,准确定位自己需要巩固的题目,对症下药,这样,用时少而复习效率高。

七、师 徒 结 对 法

对学困生的帮扶,还可采取让其与优生进行师傅选徒弟、徒弟选师傅双向选择的师徒结对法。师徒结对的好处在于,为每个学困生都找到一位"小老师",这样"一帮一",效果是不言而喻的。学校通过考核师徒二人进步幅度,评选优秀对子——"对对红"。

我为学生封官

在新课改背景下，在现代学校制度建设过程中，欲实现"学生为本，学为中心"的转型，可选用一种有效方式：为学生封官。

一、师德师风监督员

教师衣衫不整，因私事上课迟到、早退，课间吸烟、会客，课上接听手机、拖堂，甚至在课堂上对学生的行为过激、实施"心罚"的现象时有发生。建议设立师德、师风监督员岗位。让学生通过竞聘、培训上岗，以对教师在课堂上的师德、师风进行监督、记录。他们有权在课堂上依据情节轻重对违纪教师出示黄红牌，给予警告、严重警告的提醒，若教师仍然无动于衷、置若罔闻，可以向学校举报。这一举措是师生平等的重要体现，另外通过监督员的善意提醒，可以把课堂上教师师德、师风的重大违纪行为消除在萌芽状态。

二、学科作业协调员

因学科教师之间缺少必要沟通，难免会出现各科布置的作业累积总量某天过多或过少、"旱涝不均"的现象。为了保持作业量基本平衡，建议设立作业协调员岗位，其职责是：与学科教师通报作业信息，协调班级日作业量，避免学生做作业忙闲不均的现象。

三、班级星星秘书

负责班级温馨提示栏更新。提示栏设在靠近教室门的墙壁上，不妨以下列内容为主：提醒学生及时增添衣物的天气预报；卫生保健、预防季节传染病的小知识；当期学校活动、兴趣小组安排；为值日教师服务的班级考勤情况；校内外重大新闻等。

课前负责提醒学生做好课前准备；课后监督物品归位等。

四、班级安全督查员

每班设安全督查员 3 至 5 名，戴牌上岗。分布在教室、走廊、活动场所。其职责一是当本班学生有危险动作时及时提醒，发生矛盾善意调解；二是发现安全隐患或安全事故时，第一时间告知当值的教师督查员。

五、课堂导生

高效课堂教师角色是教练，是导师。因此学科可设导生。导生主持课堂流程，负责协调小组合学展示，教师请示导生或接受邀请方可发言。

六、推普大使

选拔普通话标准的学生作为校级推普大使，为推普周做策划方案，举办推普培训班，负责监督考评师生在校园说普通话情况。

七、校级形象大使

对品学兼优学生可层层评选班级、年级、校级的形象大使，可作为各级的形象代言人，是学校的最高荣誉。

八、学生自主管理委员会主席、各部部长

竞聘产生，有章程，有任期，有罢免。

九、文学院、艺术院、科学院院长、院士、学部委员

按三大院章程产生会员，会员中选举院长，年度评选院士，授予称号颁发证书。

中小学班级第一课的创意和策划

一、创意和策划背景

如果说教育部推出的新学期中小学开学第一课隶属于校本课程范畴的话，那么班级第一课（新学期第一次主题班会和学科第一课）就可归为班本课程的范畴。班级第一课的针对性、可操作性、实效性更强，且与开学第一课相辅相成、互为补充。

二、创意和策划班级第一课的核心意图

帮助学生消除茫然无助情绪，尽快形成对学校、班级、教师的认同感、归属感；引导学生正确认识自己，客观评价自己，规范提升自己；指导学生对新教材整体把握，对学科思想、学习方法、课堂模式整体感知；带领学生初步体验学科的魅力，产生对学科的兴趣、乐趣和志趣；指导学生进行发展规划，确立目标，积极做好各项准备，顺利完成年度学业。

三、主题的选择

教师选择主题要考虑的因素。尽量向教育部推出的开学第一课靠拢，可以是开学第一课的解读、补充、提升、拓展、延伸；尽量与学校的年度中心工作、学校的特色、班级核心目标相吻合；要充分考虑自己性别、特长、教龄、班龄、班情、年级、学段（小学、初中、高中）、地域（农

村、乡镇、城市）等，做到因人、因班、因地而异。

选择主题的原则。为了让班级第一课真正成为学生主体参与的体验
过程，成为学生刻骨铭心的重要记忆，"让班级第一课的内容、形式适合
学生的需要，用学生喜欢的活动呈现"是创意与策划的首要原则。"把班
级第一课课程资源的开发、使用的权力交给学生"是开学课程创意与策
划的第二个原则。"班级第一课的组成元素必须围绕新和难忘做文章"，
是创意与策划的第三个原则。级段、年级的不同，学生的兴奋点和课程
需求存在着很大的差别，尊重这种差别是创意和策划必须遵循的第四个
原则。

主题班会第一课选题举例。"认识社会"：交流"暑假读社会"这本
大书的体验和感悟。"认亲"："认识新同学、新老师""分享新感受、新
困惑""确立新目标、新态度"。"认家"："了解学校，走进班级，建立小
组""融入新集体、和睦一家人""班规校规我来定"。"认知自我"："我
的变化""我的目标""我的行动""自我评价"。"常规大看台"：反思行
为得失，加强规范意识。把个体的行动，拿到集体的视野中展现，是非
在评论中明确，自制意识也必然在评论中加强。"真诚道歉"：用自我批
评提升师生的自律意识，用真诚道歉拉近师生情感距离。

学科第一课主题，围绕"让学生自信、对教师信任、学科产生兴趣"
选择主题。例如：自身魅力、特长展示；学科性质、作用、地位阐释、
解读、建构；学科学习方法、学习模式体验、分享；学科知识树构建；
学科兴趣的激发；综合实践、学科评价的推荐等。

四、班级第一课组织的形式

课的形态忌散珠式，提倡主题式；课的内容忌空泛化，提倡生活化。
班主任或任课教师可将主题提炼成问题，通过学生个体和班级集体活动
进行探索，寻求解决问题的办法。学习的方式忌讲授、表演，提倡合作、
探究、集体感悟。

　　班级第一课应设计成学生喜爱的体验型的活动形式，寓教于乐，寓教于动，寓教于生活。通过学生亲身体验，感同身受，从而达到自悟、自我教育、同伴相互激发感悟的教育目的，实现学生成长的价值。

五、班级第一课的创新点

　　从"谁来上"的角度思考，可以邀请不同职业的家长、社区名人、已毕业的优秀学生、班级教师组合等。"让别人种种自己的田""自己种别人的田""与同事一起种种田""与领导合作种种田""让学生自己种田"皆不失为有创意的策略。从"在什么地方上"的角度考虑，可以选择在校园、社区、工厂、农场、市场等场所体验。从"谁参加"的角度考虑，可以邀请家长旁听，可以让家长与学生互动。从"对学生如何产生更大影响"的角度出发，可以考虑通过录音、摄影、摄像等现代科技手段，为学生终身保存提供第一手资料。

六、班级第一课创意和策划举例

　　颁发开学护照、好习惯证书年检证；行为习惯、学习习惯训练展演、室外拓展训练；社会生存、生活大挑战；栽种成长树；系上心愿条，用小气球放飞自己的梦想；用新闻发布会小记者采访形式代替班主任讲话；用学生团体或个人才艺展示代替对新学生的介绍；让一年级新生敲响新学期的钟声；为一年级学生举行开笔礼；隆重举行班级学生自治委员会成员就职典礼；开展"老师，新学期我想对您说""孩子，新学期我想对你说"或"男孩（女孩）我想对你说"等说说心里话活动；用情景剧的形式，表达师生情；用"教师讲故事、做实验，让学生现场悟道理"代替常规的讲话；引领一年级新同学参观校长室和其他功能室；采取教师向学生赠书、学生之间开展图书漂流形式，掀起"读好书"活动；新学期学生荣誉称号个人申报达标公示。

七、班级第一课校本教研的探索

　　可以采用说课形式提前组织本次活动的校本教研。说课的流程可以概括为如下环节：说区域、学校背景；说师情、生情、班情；说主题，说活动目标，说设计理念，重点说活动流程，说预设的活动效果。可以采用卡片、图标、课件等形式助说。

中小学生作业超负荷的破解策略

教育职能部门一再强调，合理控制作业量，坚决杜绝题海战术，杜绝把作业作为处罚学生的手段及通过布置大量作业抢占学科时间的做法；在作业的布置和设计方面，要求作业内容适当、难易适度，作业形式灵活多样，强调科学性、针对性、差异性、启发性等；在作业的批改和评价方面，要求及时、细致、规范、多样，提倡书写激励性评语。

家庭作业量、学生对家庭作业的态度、家庭作业的设计和布置、家庭作业的批改和评价都会对学生的学习成绩产生影响。家庭作业过量时，时间越长，学生对家庭作业的态度越消极，学生的学习成绩越差。家庭作业的设计和布置、批改和评价越合理有效，学生对家庭作业的态度就越积极，学生的学习成绩就越好。

然而学生作业超负荷原因是什么？如何破解这一难题？

一、原因分析

当前，学生作业负担重在很大程度上源于大部分作业是"师主型"，做什么、做多少、何时做都由教师说了算，学生缺少自主性。有调查显示，近六成的学生认为，教师布置的题目一半以上是明显会做的，作业时间浪费十分严重；八成以上的学生对自己的成绩与付出相比不满意，作业效益低下；近九成的学生认为，作业应有较大的自主权。

除了低效性、控制性外，"师主型作业"还普遍存在以下几个弊端：

教师眼中只有抽象的学生而没有具体的学生，全班学生甚至全校学生做相同的作业，教师对学生学习的基础、能力与需求缺乏精细的分析与把握，导致作业缺乏针对性；许多教师的作业策略是以量取胜，而不是以质取胜，是"狂轰滥炸"而不是"精确打击"，导致课内练习与课外作业重复，新课作业与复习课作业重复；许多学生做作业兴趣低，被动做作业、被迫做作业，抄作业应付教师的现象也较普遍。

二、破解策略

宏观层面："生主型作业"改革是根治这一痼疾、推进作业"轻负高质"的良策。

针对来自学生的呼声和"师主型作业"的弊端，我们倡导"生主型作业"。这里的"生主型作业"是指学生在教师的指导和帮助下，自我激发作业动机，在一定范围内自我选择作业内容、自我设计作业方法、自我安排作业时间、自我评价作业效果的一种作业模式。它有如下三个特点：一是教师"还权于生"，教师做自己该做的事情，如对学生进行作业方向、策略、方法方面的指导，建立"作业超市"；二是教师主导与学生自主保持适度，不走极端；三是学生在"做什么、做多少、何时做、用怎样的方式做、做到什么程度"等方面有较大的自主权。为了确保"生主型作业"能落到实处，我们倡导建立相应的机制：

1. 明确"教权"与"学权"的边界。学校要明确教师教学权利和学生学习权利的边界，明确"做什么、做多少、如何做"的尺度，明确教师在作业方面的核心任务是提升学生自主作业和有效作业的能力，进而促进"以教师和教材为中心"的作业向"以学生及其学习需求为中心"的作业转变，促进教师由习惯性的"越俎代庖""为学生做主"走向学生的自我发展和自我做主。

2. 以研究课程标准以及中高考的变化特点为基础，确定作业标准。教师应基于课程标准设计作业，既不人为地拔高或降低要求，也不过分地扩大或缩小范围。同时，教师设计作业也应考虑近年来中高考的变化特点：中高考命题通常是基于课标、控制难度、不搞"深挖洞"的，是反对一味在技能、技巧上大做文章的；中高考越来越注重在真实的情境中考查学生的学科能力与学科素养；中高考的难题是难在能力与思维上，而不是难在知识、技能与技巧上。我们的作业改革应更好地指向学生能力与思维的发展。

3. 建立题目研究制度，改"狂轰滥炸型"作业为"精确打击型"作业。教师一要明确教学目标、作业目标，加强对学生的分析与研究；二要研究通过哪些题目或题组，来达到巩固某个知识点、形成某方面技能、发展某方面能力与思维；三要精细地分析拟布置的每个题目，明确它所含的知识点、能力点、解题思路与方法、学生可能遇到的困难，以及该题目的训练价值与适用对象。教师要追求作业的少而精，对教材练习或习题进行二次开发、调整、补充，自选、自编或改编作业。设计作业要以促进学生的知识、能力、思维协调发展为目标，形成后置型作业与前置型作业、巩固型作业与探究型作业、书面作业与实践作业相结合的作业体系。

4. 加强作业指导，为学生高效作业提供技术与制度支持。作业指导的重点：一是帮助学生选择自己能做和值得做的题目；二是指导学生用不同的方式分类完成作业，对"一眼就看穿"的题目，看两下就过去，对在自己"最近发展区"内的题目，要舍得花时间分析解题的思维障碍、难点，对明显超越自己基础与能力的题目，要学会放弃；三是指导学生加强解题后的回顾与反思，避免"进宝山而空返"；四是指导学生在作业前复习回顾当天所学的知识，及时发现和弥补知识缺陷；五是建立学生作业经验与方法交流制度；六是建立学生作业责任追究制度，要防止个别学生滥用自主作业的权利而不做作业，要及时评估学生自主作业的效益，对有问题的学生要进行面对面的分析、诊断、督促，要适当限制不能正确自主作业的学生的权利。

5. 推行"阳光作业",加强学校对作业的管理。学校要对作业来源、数量、方式、学生完成作业所需的时间等进行公示,变"暗箱操作"为"阳光操作"。推行"阳光作业"的目的:一是控制作业数量,因为很少有教师承认自己留作业过多;二是促进教师精选、自编、改编作业题,防止机械照搬教材和教辅资料;三是交流教师在留作业方面的经验;四是督促教师严格执行学校制定的"作业政策"。

6. 建立"作业超市",由学生自选作业。教师创建"作业超市",提供丰富的、可供不同层次学生选择的、有教育价值的和训练价值高的题目。学生问卷调查和座谈会都表明,学生高度认可这样的做法。

微观层面:开展课堂练习与作业设计研究,开展减负不减质的"绿色行动"。

1. 精心设计课堂练习,提高教学效益。我们以"教学过程最优化"理论为指导,开展了以课堂练习设计为主线、向教学设计要效益的活动。教师们围绕教学目标和教学重难点,为学生精心设计课堂练习(包括听、说、读、写、想、演、算),实现教师精讲、学生多练、学生精练,努力实现"堂堂清"的训练目标。此外,我们还提倡书面练习进课堂,即每节课安排五至十分钟的书面练习。尤其是低年级,我们要求至少有三分之二的课堂安排书面练习。因为低年级正处于规范书写的培养阶段,加之不得布置书面家庭作业,所以学生的书面课堂练习就显得尤为必要。

2. 精心设计家庭作业,将作业设计写入教案,制定作业布置公约。以实新学校为例,把家庭作业当作课堂教学的必要延伸和拓展,把为学生设计精妙的家庭作业当作全体教师对学生的"日行一善",特色家庭作业设计成了学校"绿色课堂"创建的开端。我们把家庭作业设计纳入课堂教学设计的范畴,要求教师将其当做备课内容写入教案,以消除家庭作业布置的随意性。我们要求家庭作业要紧扣"三点"（学生特点、教学重点、教学难点），确保"三不"（不随意布置作业、不布置机械重复性作业、不布置时间和难度超负荷作业），做到"三明"（设计意图明晰、训练目标明确、训练效果明显），使家庭作业与课堂教学目标统一、要求一致，大大提高了家庭作业的针对性和有效性。教师们还讨论制订了"学生作业布置公约"，自觉地为学生设计精妙的作业，让学生通过少量的、形式多样的作业，获得高效的、多方面的能力发展。公约基本内容如下：一是严格控制家庭作业总量。学校实行家庭作业总量控制班主任负责制，班主任协调控制各学科教师每天布置的家庭作业总量：一二年级不多于 20 分钟，三四年级不多于 60 分钟，五六年级不多于 90 分钟。其中书面作业量：一二三年级不布置，四五年级不多于 40 分钟，六年级不多于 60 分钟。节假日平均每天作业总量不得多于平时的 50%（"总量"指最高量，我们提倡少于总量，努力实现"零"书面作业）。二是家庭作业形式多样化。家庭作业要趣味化、多样化，减少重复、机械性作业，增加实践、创新性作业，且每周不少于两次。三是学生必做的书面家庭作业，教师必须规范批阅。家庭作业分层布置，分必做和选做两部分，选做部分可以尝试让学生自己布置，必做部分教师必须规范批阅。四是课堂上精讲精练，争取实现"堂堂清"。五是与家长共同培养学生良好的作业习惯。

3. 改变作业批阅符号，传递期待，呵护成长。有学校向教师提出了作业批阅不打"×"的绿色批阅建议。教师们共同约定：在批改学生作业时，用"＼"（期待线）替代"×"（错号），学生纠正错误后，再把"＼"（期待线）变为"√"（对号）。在这种氛围中，学生主动自觉地纠正错误，自尊心和自信心也得了呵护。

4. 每周一次大作业，学生可自主选择作业内容与顺序。每周布置一次大作业，周一即将本周的作业内容下发给学生。既然是超市，学生就有选择的权利，如作业顺序可选，学生可以根据自己的情况做出灵活的安排。这样的改革要求教师吃透教材，把握好教学目标和具体的学情，从数量、难度、形式等多方面考虑，既保证教学质量，又满足不同程度学生的需求。

三句话“逼”班干部进三大步

有人用六个字形容班主任工作：茫、盲、忙，凡、繁、烦。这似乎是不少班主任工作与心境的真实写照。为什么会出现这样的状况呢？究其主要原因，与班主任搞“单干”、不会使用班干部有关。他们对班干部常常不信任，不依靠，不利用，反而事无巨细，亲力亲为，越俎代庖。其实，智慧的班主任，遇到事情时，要让班干部有位且有为。三句话，可以“逼”班干部进步与成长。

第一句话：这个问题，你的解决方案是什么？

班主任遇到最多的事情是班干部不断地反映工作中遇到的难题，请示该怎么办？如果班主任好心或贸然决策或提出解决方案，那么，班干部从此以后会不停地请示，等待你决策。这样下去，班主任的工作量会越来越大，而班干部也仅承担了传令兵的角色。

换一种思路，当班干部请示你怎么办时，你反问：你的解决方案是什么？若班干部回答“我还没有思路”时，你可以果断地说，你先想好方案再找我。

第二句话：还有更好的方法吗？

班干部从你这里得不到答案和执行策略，逼迫他不得不自己思考，自己提出问题的解决方案。

当他兴冲冲地带着自认为合适方案向你汇报、等你拍板时，你可以在他汇报之后这样说：还有更好的方法吗？还要完善吗？若班干部说这个我真没多想，你可以这样说：那好吧，回去再考虑考虑，有了好点子再来找我。

第三句话：照你说的方案办！

班干部在原来的基础上继续思考，又逼他产生了新想法，对他来说，这就是成长。

当班干部胸有成竹地找上门向你汇报方案时，他向你提供的已不是问题，而演变成了选择题。但是还要提醒班主任，你仍然不要替他拍板，拍板意味着自己承担决策失误责任。你听了他的汇报后，可以这样说：照你选择的方案办！此话蕴藏的含义是，这是你自己的决策，决策、运作失误自己要承担责任。当然，若运作顺利，功劳当然也是他自己的。

台湾作家刘墉曾写过一篇文章，题目叫《逼你成功》。同样，班干部的成长，也需要班主任"逼"。从培养角度说，没有不称职的班干部，只有不会管的班主任。班干部不是天生就会管理的，需要在工作中培养，在培养中成长。所以，当班干部在工作中遇到困难时，不要急于告诉他现成的答案，"逼"他一把，让他动脑筋想办法，促进其进步与成长！

开禁"小学生吃零食"又何妨

"严禁孩子带零食、吃零食，不允许家长为孩子送零食"是许多小学的校规。校方制定该校规的理由不外乎两个：一是校门口一些小商小贩出售的零食问题多多，怕食品安全方面出问题；二是怕孩子吃零食上瘾，影响身体发育与健康。"校有政策，生有对策"，不让明带，就暗带；不让光明正大地吃，就偷偷摸摸地吃。孩子们带零食、吃零食之风并不因为有校规约束而绝迹，时下反而大有愈演愈烈之势！

可见，"学校该不该禁小学生吃零食"是一个敏感棘手的问题，极有研究讨论之必要！

笔者的观点是：堵不如疏，小学生吃零食可以开禁。理由如下：首先，零食问题是物质生活丰富时代的必然产物，物质生活匮乏时代极少存在这种问题。同时，家长给孩子送零食是一颗爱心使然，如果"禁"不住那颗爱心，你能禁得住送零食吗？其次，它违背了大多数孩子、家长的意愿，纯属校方一厢情愿之行为。这个年龄段的孩子们用"馋猫"来概括也不过分，甚至可以说吃零食，天性使然。如果一味禁止，他们会老老实实、心甘情愿地配合校方吗？再次，"禁吃，我偏吃！"没禁住吃零食，反而失去了极佳的教育良机，这对正在接受全面教育的孩子来说是多么不公平呀！每个孩子都有权利知道怎样正确对待吃零食。

当然开禁孩子吃零食，校方亦不能放弃监督、引导的职责。学校不妨通过班会、板报、广播等途径以学生喜闻乐见、易于接受的形式让孩子对"吃零食"有个正确、科学、全方位的认识：

零食不宜多吃，更不能上瘾；吃零食应根据家庭条件量力而行，不能互相攀比；购买零食要讲究技巧，会选择"绿色"健康食品；要养成处理垃圾的良好习惯，不乱扔果皮纸屑；要正确处理朋友间零食交换问题等。

穷则变，变则通，通则久。小学生吃零食应当开禁！但千万不要忘了，开禁是有前提条件的！

总之，不让孩子吃零食，是守旧、是粗暴；随意让孩子吃零食，是放纵、是对孩子不负责任。正确引导孩子吃零食才是学校的责任。

图书在版编目（CIP）数据

学校管理创意策划60例／王红顺著.—济南：
山东文艺出版社,2016.7
ISBN 978 – 7 – 5329 – 5284 – 7

Ⅰ.①学… Ⅱ.①王… Ⅲ.①中小学—学校管理
—案例 Ⅳ.①G637

中国版本图书馆 CIP 数据核字（2016）第 141682 号

学校管理创意策划 60 例

王红顺 著

主管部门 山东出版传媒股份有限公司
出版发行 山东文艺出版社
社　　址 山东省济南市英雄山路 189 号
邮　　编 250002
网　　址 www. sdwypress. com

读者服务 0531 – 82098776（总编室）
　　　　　　0531 – 82098775（市场营销部）
电子邮箱 sdwy@ sdpress. com. cn

印　　刷 山东临沂新华印刷物流集团有限责任公司
开　　本 710 毫米×1000 毫米　1/16
印　　张 18.5　插页/2
字　　数 220 千
版　　次 2016 年 7 月第 1 版
　　　　　　2022 年 8 月第 2 版
印　　次 2022 年 8 月第 5 次印刷
书　　号 ISBN 978 – 7 – 5329 – 5284 – 7
定　　价 45.00 元